著名亲子教育专家、畅销书作家鲁鹏程家教系列

教孩子，别好心办了坏事

你可能没读懂的家庭教育关键词

（修订版）

鲁鹏程◎著

新华出版社

图书在版编目（CIP）数据

教孩子，别好心办了坏事：你可能没读懂的家庭教育关键词 / 鲁鹏程著. -- 修订本. -- 北京：新华出版社, 2019.4
ISBN 978-7-5166-4576-5

Ⅰ. ①教… Ⅱ. ①鲁… Ⅲ. ①家庭教育 Ⅳ. ①G78

中国版本图书馆CIP数据核字(2019)第069775号

教孩子，别好心办了坏事：你可能没读懂的家庭教育关键词

作　　者： 鲁鹏程

责任编辑： 张修涛　　**封面设计：** 刘宝龙

出版发行： 新华出版社
地　　址： 北京石景山区京原路8号　　**邮　　编：** 100040
网　　址： http://www.xinhuapub.com
经　　销： 新华书店、新华出版社天猫旗舰店、京东旗舰店及各大网店
购书热线： 010－63077122　　**中国新闻书店购书热线：** 010－63072012

照　　排： 六合方圆
印　　刷： 河北鑫兆源印刷有限公司

成品尺寸： 170mm×240mm
印　　张： 12.75　　**字　　数：** 175千字
版　　次： 2019年6月第一版　　**印　　次：** 2019年6月第一次印刷
书　　号： ISBN 978-7-5166-4576-5
定　　价： 42.00元

前 言

生活中，我们不应该盲从别人，也不能听人说什么就信什么，而是应该有自己的思维与判断，有理智的人生观，这样才会踏对人生的脚步，不给自己留下遗憾，否则人生可能会步步是困局。

教育孩子也是一样的道理，要有理智的教育观，不能盲目照搬别人所谓的“成功经验”，也不要凭着“老经验”教育孩子，更不能看到一种教育观念就立即深信不疑。而是要经过自己的认真思考，对其审视判断，以确认到底对还是不对。如果盲目跟进，孩子很可能成为“小白鼠”——实验品＋牺牲品。到时候，我们再后悔可能就来不及了。

所以，对于家庭教育这件事，我们要有一个新思维，而不是想当然地去理解。如，今天的家庭教育与过去的家庭教育是大不一样的，时代、环境等等都发生了很大的变化，那么，教育方法自然也会有所调整。

以前很多的教育方法，在今天看上去有些行不通了。但这并不是说，过去的方法就都不能用了，也并不表明，今天的教育方法就都是有效的。其实，今天有些看上去很正确的教育方法，短期是有效果的，可长期看来，可能是副作用。遗憾的是，很多父母在教育孩子这件事上只是盲目地“跟风”，对家庭教育并没有作深入的思考，更谈不上新思维。

每一位父母在今天这个时代都应该重新思考家庭教育，重新认识一些常见而又容易误读的教育关键词，进而对家庭教育建立一种全新的思维方式。教孩子，千万不要让自己“好心办了坏事”！相信，这本《教孩子，别好心办了坏事》对您会有一定的帮助。

本书从家庭教育理念、家庭教育方法、家庭教育误区、烦恼的青春期、家庭人格教育等五大方面，全面遴选了最重要也最容易被误读的家庭教育关键词进行全方位的分析与解读，如，起跑线，“不让孩子输在起跑线上”的说法，到底是正解还是谬误？兴趣班，孩子的自我兴趣发现其实比上“兴趣班”更重要！出国留学，过早远离父母的孩子可能就像断线的风筝，不知道飞往哪里！教育趋势，盲从所谓的“教育趋势”，实际上是“跟风”！赏识教育，不是简单的表扬加鼓励，而是发自内心的先识后赏！德商教育，教育要以德为本，厚德载物，孩子方可有立世之本！过度保护，如果父母不尽早放手，孩子永远学不会用双脚行走！包办代替，越俎代庖并不是爱的表达，只会给孩子带来伤害！袒护，在父母的“羽翼”下，孩子不会有对自己、对家国的责任感！平等，无原则的“平起平坐”是破坏家庭秩序，长幼有序才是家庭正道！金钱与物质奖励，错误的激励方式会让孩子唯金钱与物质至上！优雅与风度，不能融入群体的“优雅”与“风度”，只会“鹤立鸡群”！代沟，与其总是“沟壑深深”，不如主动在“代沟”上搭个桥！孝道，学孝道有用吗？孩子有一颗孝心为什么依旧很重要？自省——告诉孩子：行有不得者，皆反求诸己，而非怨天尤人！……

通过分析解读，从而引导父母反思，给父母以启迪，进而让父母能够在对这些关键词的解读中受益，更有智慧把自己的孩子教育好。

很多时候，我们对孩子的教育是想当然的，但随后就会感到茫然，因为教育可能是无效的，甚至还有副作用，孩子是不“买账”的。这就应该引起我们的反思。只有反思，才能找出问题的症结所在，才能“对症下药”，而这本书正可以帮助为人父母者达成这样一个反思和再学习的目的。

总之，这是一部用心思考的家庭教育作品，值得关心孩子成长教育的广大父母和其他教育工作者阅读。开卷有益，祝福您和您的孩子！

鲁鹏程

2019 年 3 月

目 录

CONTENTS

第一章 教育理念关键词

教育孩子离不开教育理念。教育理念正确，孩子培养起来就会顺利很多；而教育理念错误，就很难把孩子培养好。有句话说，人生最重要的不是奋斗，而是抉择。同样，在教育孩子这件事上，最重要的是对正确教育理念的“抉择”。

第二章　教育方法关键词

现今社会上流行许多种教育方法，赏识、挫折、情商、财商等层出不穷。但是有的父母对这些教育方法却只认识了“皮毛”或者只看到了一面，就盲目使用，反倒让原本很好的教育方法没发挥出应有的作用。

第三章　教育误区关键词

天下父母无不希望孩子能学有所成，花费那么大的力气教育他，无非就是想让他成人、成才。可一些父母却因为心急而盲目开展教育，由于没有认清教育方向而导致自己走入了教育的各种误区，孩子的成长也因此而受到了不良的影响。

第四章　青春成长关键词

孩子的青春期似乎就是个“危险期”。在这个时期，父母会格外担心包括他身体、心理在内的各方面的发展。可这时的孩子却似乎并不体谅父母的关心，他会叛逆，会反抗……不过这些都是青春期的正常反应，父母也应该平静看待。

第五章　人格教育关键词

培养孩子有一点特别重要，就是让他拥有健全的人格，就是要培养孩子的道德品质、综合素养，让他拥有高尚的人格。正如苏格拉底所说：“人有了人格的尊严，必不甘堕落为禽兽，而品德也自然提高。”所以，必须要重视人格教育。

第一章

教育理念关键词

教育孩子离不开教育理念。教育理念正确，孩子培养起来就会顺利很多；而教育理念错误，就很难把孩子培养好。有句话说，人生最重要的不是奋斗，而是抉择。同样，在教育孩子这件事上，最重要的是对正确教育理念的“抉择”。

起跑线——“不让孩子输在起跑线上”的说法，到底是正解还是谬误

家有儿女，难免不对“起跑线”这个词绷紧敏感的神经，因为很多父母都听过“不让孩子输在起跑线上”这个“响亮”的“教育理念”，而且也正在努力“实践”这个所谓的“教育理念”。“起跑线”这个词，本来是田径比赛等相关活动专用术语，可现在竟然被“移植”进教育领域，居然还能迷惑住一大批父母，可见其“不简单”。

想想看，“不让孩子输在起跑线上”这个口号是谁提出来的？一定不是真正的教育家提的，也一定不是真正懂教育的人提的。而是那些蛊惑父母去让孩子上各种各样的课外辅导班的“教育机构”说的，这是他们屡试不爽的“宣传语”。因为真正懂教育的人，是不会说这样违背教育常识的话的。而“不让孩子输在起跑线上”是一个不折不扣的伪命题。

曾有一部全面梳理中国教育现状，关注方兴未艾的教育改革的6集电视纪录片，名叫《教育能改变吗？》，第一集的主题就是“起跑线上”，其中提到这样一句话：“不让孩子输在起跑线上，是最恶毒、最蛊惑人心的口号。”

教育部基础教育司一位副司长在2011年初的一次新闻通气会上就曾说：“在我看来人生是长跑，起步早晚并不能决定一个人的一生发展。”他还进一步指明，“‘不要输在起跑线上’这句话某种程度上是一种忽悠！”

就纪录片讲的与这位副司长讲的两相结合，实际上就是在给那些把“不让孩子输在起跑线上”奉为圭臬的父母提一个醒：不要盲目相信这样的口号，不要被这样的口号所蛊惑。一旦盲目相信“不让孩子输在起跑线上”这样的口号，浪费大量的金钱和精力是小事，榨干孩子的潜能是大事。严重的话，孩子可能会因此而痛恨学习，从而影响他一生的发展。

遗憾的是，在现实生活中，有一部分父母为了让孩子“不输在起跑线上”，从孩子很小的时候起就将各种知识强硬地“灌输”进他的头脑之中；还有的父母为了能让孩子“在未来更有竞争力”，在孩子刚刚两三岁的时候，就为孩子报才艺班，让孩子学钢琴、小提琴、画画、跳舞、唱歌，让他尽可能地“多才多艺”；更有的父母为了孩子不惜花大价钱，请家教、选学校，甚至干脆将孩子送到国外去接受所谓的“更先进的教育”……对于孩子真正的未来，这些父母从不认真思考，只是单纯地把孩子的未来和自己的“翻身”联系起来，完全不去顾及孩子有没有这方面的兴趣和才能，于是便有了种种家庭悲剧的诞生。

最近几年，孩子因学习压力过大而走上极端的报道屡见不鲜。很多孩子就是因为不适当的“起跑”而患上了不同程度的抑郁、狂躁、焦虑等心理障碍性疾病。个别孩子还因此走上不归路……相信这一切不是父母的初衷，父母只是不想“让孩子输在起跑线上”，可结果，孩子竟然输得一塌糊涂。

孩子的童年是一次旅行，而不是一场比赛。人生不是“百米跑”，而是一个长长的“马拉松”。孩子应该赢的是整个人生，而不是某一阶段，即使孩子起初赢在所谓的“起跑线”上，他也未必赢得之后的人生。而且，他“赢在起跑线上”的经历，对于孩子来说，无异于一场噩梦，因为他的童年是灰色的，是被父母“压迫”的，是没有快乐可言的，是不堪回首的。

千万不要把孩子的童年，变成一场又一场的“竞技比赛”，否则会让孩子苦不堪言。所以，不要让孩子在“东奔西跑”中错过了美好的童年。

不可否认，“不让孩子输在起跑线上”的宣传口号已经“深入人心”，受到了越来越多年轻父母的重视。结果，这个口号成为很多父母的共同愿望，同时也让越来越多的父母绷紧了神经，生怕因自己“下手”太晚、考虑不周而拖了孩子的后腿。

一位准妈妈说：“我和先生已经做好了‘教育计划’，希望宝宝一出生就能接受最好的教育，万万不能让孩子输在人生的‘起跑线’上。”

为了“不让孩子输在起跑线”上，越来越多的父母开始重视早教，甚至从孩子学会说话那天开始，就教他识字、算数、学英语……很多上小学，甚至是上幼儿园的孩子几乎失去了玩耍的时间，双休日和假期被安排得满满当当，不是钢琴班，就是舞蹈班，不是奥数班，就是英语班……

为了让孩子赢在“起跑线”上，这些望子成龙、望女成凤的父母真可谓不惜血本、煞费苦心。这种心情是可以理解的，但是我们有没有静下心来反思一下：孩子的“起跑线”到底在哪里？如果孩子赢在了“起跑线”上，那么他能赢到“终点线”吗？他能笑到最后吗？

在《中国家庭育儿方式研究报告》中，就“您认为孩子竞争起跑线应该设在什么阶段”这个问题，分别有43%的妈妈认为，孩子竞争的起跑线从胎教开始；25%的妈妈认为，孩子竞争的起跑线在进幼儿园之前；24%的妈妈认为，应该设在孩子上幼儿园之后和读小学之前。综合所有妈妈的选择，中国孩子的“竞争起跑线”平均设在宝宝出生后的第18个月。这堪称此次研究报告的一个“大”发现。

看来“起跑线”在不同的父母心中有不同的位置，父母认为孩子该在哪个阶段起跑，孩子就应该在那个阶段跑起来。那么，父母在为孩子制定“起跑线”之前，有没有了解一些孩子身心发展的规律和特点，有没有自问：我懂不懂孩子的教育？

事实上，“起跑线”是对成才概念的断章取义，教育根本没有“输赢”的问题，是父母的功利化把教育简化为“输赢”之争。结果，很多父母只关注孩子的分数，却很少过问孩子过得是否快乐、幸福，很少问孩子的意愿和想法，而最受伤害的将是孩子。

想一下，为什么体育运动员在比赛前都要做热身？因为如果没有做好热身运动就猛地投入比赛，很可能会导致抽筋，跌倒，甚至心力衰竭等情形发生，使人不得不中途退出比赛。其实，童年就是一个人“热身”的时期，就是一个“新车需要磨合”的时期，这个时期一定不能“满负荷运转”，而是根据自身的成长规律顺其自然地成长。只有这样，孩子才会后劲十足，而不会“早衰”，才不会在需要大展身手的时候而“力不从心”。

既然这样，我们又何必担心孩子在“起跑线”上的输赢呢？

所以，要理智看待“不让孩子输在起跑线上”的说法，为孩子找到人生真正的“起跑线”，从而引领他赢得整个人生，赢在终点。

● 要树立“起跑线”的正确观念

观察一下周围可能就会发现，很多赢在“起跑线”上的孩子，因为过早地透支了体力、健康、智慧等，反而不一定能笑到最后，赢到终点。而很多成功人士，小时候并不是优秀的学生，甚至是“差生”。要是以当今父母的思维，这些人早在“起跑线”上就输掉了，但是，事实是他们在事业上却是非常优秀的成功者。

其实，对于孩子的整个人生而言，赢在所谓的“起跑线上”无法起到决定性的影响。如果我们只沉浸在“不让孩子输在起跑线上”的论调中，孩子体验不到童年生活的美好，也感受不到学习的乐趣，甚至会伤在“起跑线”上。

所以，要树立“起跑线”的正确观念，不要把“起跑线”看得那么重，即使孩子输在了所谓的“起跑线”上也没有关系，即便孩子暂时地“赢”在了所谓的“起跑线”上也不要得意，因为他未来还有更长的人生路需要走，而以后的路才是最为关键的。

● 把目光“瞄准”孩子的整个人生

每个孩子都有自己的“小宇宙”，“小宇宙”的爆发不一定会发生在人生的哪一个阶段，或是少年得志，或是大器晚成。不过，可以肯定的是，“起跑线”上没有输赢，那些所谓的输赢都是在父母功利心下催生出来的，而所谓的“少年得志”也是“人生之大不幸”。

孩子的现状也许并不理想，但是我们不能因此就预言他的未来就会一直这样。因为有时候，孩子看似处于人生的低潮期，但他却是在储备成功的能量，是在积累人生的经验。所以，要把目光从孩子的“起跑线”上收回来，把眼光放远一些，去着眼于他的整个人生。

● 认识真正的“起跑线”在哪里

对孩子的最好教育，应该从胎教开始。那么，孩子的“起跑线”应该从零岁开始，从生命孕育之初就开始。如果父母能在怀胎十月十分注意自己的言谈举止，做到“目不视恶色，耳不听淫声，口不出傲言”（不善的东西、不好的东西，不看；不善的声音、言语、音乐，不听；不柔和、狂傲的话，不说），就能生出一个有先天优势的聪明宝宝。从某种程度来讲，这样的孩子就已经赢在了起点。

如果孩子已经出生了，错过了最佳的胎教期，甚至已经几岁或十几岁了，那就从现在开始，请父母用自己正确、合理、积极向上的言谈举止去教育孩子，让他接受潜移默化的影响，进而得以健康成长。

2018 年 4 月在中国上映的人气超高的印度电影《起跑线》，讲述了一对中产阶级夫妇为了让孩子能从小就获得最好的教育、走上人生巅峰而绞尽脑汁择校的故事，但最终他们还是找到了真正的“起跑线”——他们自己。可见，决定孩子是否赢在还是输在“起跑线”上的，恰恰是孩子的父母，不是别人。

● 给孩子最好的德行，教他学做人

真正支撑一个孩子一生有所作为的“力量”就是德行，就是做人。这是人生方向的问题，如果方向选择错了，不但没有赢的可能，反而会输得很惨。所以，我们要丰富他的道德思想。不仅要让孩子“成才”，更要让孩子“成人”，做人是第一位的。即使孩子从“起跑线”出发时已经比其他孩子晚了一步，只要他朝着正确的方向努力前进，一样会拥有幸福的人生。

兴趣班——孩子的自我兴趣发现其实比上“兴趣班”更重要

兴趣，就是对事物的喜好情绪。爱因斯坦曾经说：“我认为对于一切情况，只有兴趣才是最好的老师。”由此可见兴趣的重要。是的，一个人只有对某种事物或某件事产生兴趣，他才会带着极大的热情投入其中，并可能取得不错的成果。

说到了兴趣，就不能不提及“兴趣班”。说到“兴趣班”，做父母的都很熟，因为自己已经为孩子不知道报了多少兴趣班。可是，我们是否想过，这个兴趣班，到底是孩子的兴趣班，还是我们自己的兴趣班？我们给孩子报兴趣班的依据是什么？

简单总结几种报兴趣班的情形吧：

第一种，有的父母看到孩子喜欢一种事物，比如，3 岁的孩子听到音乐就扭动身体，就立即给他报所谓的舞蹈兴趣班，殊不知，孩子表现出来的这种喜欢只是暂时的，是“昙花一现”式的，或者是心血来潮，是无意识的，每个孩子到了两三岁其实都会随着音乐扭动身体，他自己都不知道自己为什么会喜欢，说不清楚。但是，不明白归不明白，他还得去上那个兴趣班，因为父母给他报上名了，父母就认定孩子应该上这种兴趣班。

第二种，有的父母看到别的父母都给孩子报了某种兴趣班，就也跟风去报，根本就没有考虑到自己孩子的实际情况。结果，这两种兴趣班对孩子来说，最终都是“无趣班”。报完名了，孩子不想去上，父母还得花言巧语地劝说，甚至是强迫孩子去上这些兴趣班。胳膊扭不过大腿，孩子也干不过父母，所以，他只能垂头丧气地去上兴趣班。

第三种，有的父母想当然地认为某种兴趣班对孩子的发展是有利的，于是就擅作主张，给孩子报上了。当然，这些父母也会拼命让孩子学这样的兴趣班。于是，孩子也不得不去上。

可是，我们想过没有，孩子的身体去了，他的心也跟着去了吗？如果心没有跟去，人在那里又有什么用呢？如果仅仅是没有正面意义也罢了，但实际上，这样的所谓的兴趣班，对孩子的心灵是一种摧残，他在兴趣班里是一种煎熬。

还有的父母，想当然地认为孩子自己真正喜欢的兴趣，并不利于他将来的发展，于是就剥夺孩子发展他真正兴趣的权利。

这种种做法，不但会束缚孩子的发展，还会导致亲子关系对立、恶化。

所以，父母一定要重新认识一下所谓的“兴趣班”：对孩子成长真的有帮助吗？他在那里真的快乐吗？真能学到东西吗？如果答案是否定的，为什么还要花费金钱，还要让孩子花费时间去上这样的兴趣班呢？

来看这样一个事例：

有个6岁男孩对恐龙产生了浓厚的兴趣，总是缠着父母给他讲关于恐龙的故事。父母见他这么喜欢恐龙，便给他买了很多关于恐龙的书，在父母的指导下，他了解了各种恐龙的名字和生活习性。

当男孩上了小学之后，他仍然痴迷于恐龙，父母不免有些担心，害怕这会影响他的学习，便给他报了绘画、珠心算、象棋3个兴趣班。没想到，他还是利用课余时间查阅有关恐龙的资料。

有一次，爸爸看到男孩在看恐龙的资料，生气地对他说：“整天看已经在地球上灭绝的恐龙有什么用啊？有这个时间还不如去看看有用的书，就算是画个画也行啊！”

男孩说：“我喜欢恐龙，这是我的兴趣。”

爸爸不以为然地说：“这兴趣能当饭吃吗？”

后来，在父母的压制下，男孩对恐龙没有了兴趣。不过，父母给他报的兴趣班也未能收获良好的效果。更严重的是，男孩与父母之间的关系也不像以前那样亲密了。

当父母把孩子的兴趣与“当饭吃”联系在一起，就如同是把“做任何事情都要有功利性”的思想传递给孩子。这样的想法势必会扭曲孩子的心灵。

试问：孩子做自己感兴趣的事情，这有什么不好呢？为什么非要和所谓的“好处”挂钩呢？孩子培养自己的“兴趣”，不只是为了锻炼某种能力，为了将来从事何种职业，更重要的是从中获得快乐，让心智成长。

事实上，对于孩子兴趣的培养，主要还是靠孩子的自我发现，而孩子自我兴趣的发现要比我们给他报几个所谓的“兴趣班”重要得多。

● 要允许孩子有他自己的兴趣爱好

孩子的兴趣爱好，就是他感兴趣的事，只要这种兴趣爱好是正当的，而且孩子不会沉迷于此，我们就不应该过多干涉。

如，有个小男孩就特别喜欢摆弄鞋子，还跟妈妈说以后想跟修鞋师傅学修鞋，结果妈妈呵斥他：“修鞋子能有什么出息！”妈妈有点反应过激了，孩子要学习修鞋子并不是指他将来要做修鞋匠，他只是“感兴趣，想学学”。学习一下修鞋子有什么不好的呢？自己的鞋子坏了，他可以自己修，家人的鞋子坏了，他也可以修，不过是多了一种生活技能而已。难道，孩子说“我想学做饭”我们也要禁止，对他说“做厨师没出息，不要学习做饭了”？显然不应该这样。

所以，对于孩子一些奇怪的兴趣爱好，我们真的不必太紧张。孩子也许今天对修鞋子感兴趣，明天对做饭感兴趣，后天又喜欢玩电脑了。只要是对孩子无害的兴趣爱好，我们就不要去阻止。让孩子做自己喜欢做的事情，又有什么不好呢？

● 不要让“兴趣班”填满孩子的童年

一些父母对孩子寄予了很大期望，往往不等他去发现自己的兴趣，就急着为他报各种兴趣班。孩子的童年生活一旦被“兴趣班”填满，疲惫不堪的他就再也没有时间和精力去发现自己的兴趣了。

所以，父母不要用自己想当然的主观意识去给孩子报兴趣班，而是给他留出空余时间，让他去发现自己的兴趣。

当然，在这个过程中，父母可以适当地帮一下孩子。比如，多带孩子走出家门，让他多接触新鲜事物；尽可能给孩子提供展示自我的机会，让他从中获得各种不同的体验；多与孩子交流，激发他的兴趣等等。

● 孩子的自我体验比上兴趣班重要

有的父母一旦发现了孩子的兴趣，便会急于给他报兴趣班，希望他能够更好地发展兴趣。事实上，这是一种功利的做法，自然也很难如父母所愿。

就拿绘画来说吧，如果父母仔细观察孩子的自由涂鸦，便会发现，他画的不是一个单纯的事物或场景，而是有内容的，好似在讲述一个故事。如果父母过早地给孩子报美术班，很可能会阻碍他想象力的发展，会封闭他的自我体验，他可能是学会了很多绘画技巧，画画的水平提高了，但是却再也不会把一个故事通过绘画演绎出来了。

所以，当孩子发现了自己的兴趣之后，我们不要急于给他报兴趣班，不要急于让他接受那些看似正规的、系统的训练，而是先让他有一个自我体验的过程，然后再根据他的实际情况决定是否报兴趣班。

● 教孩子协调爱好和学业的关系

很多时候，我们都担心孩子会因为痴迷兴趣爱好而耽误了学业，于是就禁止孩子培养自己的兴趣爱好。但是，禁止是不明智的做法，因为这会引起孩子的逆反心理。他很可能会认为，“你越不想让我做的事情，我偏要做！你让我学习，我偏不学！”

一旦孩子有了对立情绪，我们再说什么，他就很难听得进去了。因此，我们要做是帮助孩子协调爱好和学业之间的关系，而不是禁止孩子培养兴趣爱好。当我们发现孩子痴迷于某种兴趣爱好时，要灵活处理，不要强制打压孩子，要引导他学会合理分配学习时间。

如，可以跟他协商，在写完作业并保证作业没有错误的情况下，可以做自己喜欢做的事，但不能因此而不写作业，也不能匆忙写完不检查就去玩。如此一来，既能保证孩子的学习成绩，又培养了兴趣爱好。

● 报兴趣班，一定要做好考察工作

说了这么多，并不是对兴趣班的否定，一些兴趣班还是不错的。但给孩子报兴趣班前一定要做好考察工作，因为有个别校外教育机构唯利是图，什么热门就开设什么兴趣班，收费不菲，动辄几千甚至是上万元。所开设的“热门兴趣班”既没有经得起推敲的教学计划，也没有具备相关资质的授课教师。尽管如此，个别机构还是会匆匆开设这类兴趣班，因为只要开设就会有人报名，毕竟盲目的父母还是有的。所以，既然要报兴趣班，就要做一番考察工作，发现名副其实的、适合自己孩子的兴趣班。

奥数与珠心算——这到底是在开发孩子的潜能，还是在透支他的潜能

奥数，是奥林匹克数学竞赛的简称。1956年，由著名数学家华罗庚先生引入我国。后来，经过一波三折的发展，到了火爆的阶段，最终风靡全国，但也导致了奥数在中国走向畸形发展的道路。奥数的出题范围超过了普通孩子的受教育水平，它追求的是难度、拔尖和卓越。但是，很多孩子并不是因为有兴趣才学奥数的，而是为了升学而学习。

1998年，北京市的“小升初”取消了统一考试，从而导致奥数彻底火爆起来。因为没有了统一的“小升初”考试，学校评价学生的机智就会有所变化，而奥数恰好被各大学校青睐，成为了“小升初”的重要考核标准。甚至有很多学校把奥数成绩作为入校的凭证和分班的标准。于是，有太多的孩子就被迫学起了奥数，父母挤破脑袋也要把孩子送进各式各样的奥数培训机构，只为孩子将来能有个好学校上。

2012年9月中小学开学前夕，北京市教委叫停了和升学挂钩的奥数竞赛培训。这本是一件好事，可是“上有政策，下有对策”，某些之前的奥数培训机构却将“奥数”改名为“科学实践实验”“数学思维训练班”，等等，换汤不换药。如一家培训机构的工作人员就这样说：“我们现在的培训课程叫科学实践实验，主要锻炼孩子们科学实践的思维能力。”而且，他们所用的教材也基本是从之前的奥数课本里选出来的，例题、习题几乎一样，只是加上了一些看似比较有趣的故事或知识。与过去的奥数课程比

起来，师资、上课时间、地点以及班次都没有什么两样，仅是名称上的改变而已。

还有一部分父母，把孩子送到奥数班，是希望能够开发孩子的潜能。其实，奥数进入中国，原本是想激发学生学习数学的兴趣，培养创新能力，发现优秀的数学特长生。事实上，“在同龄儿童的范围内，一般只有5%的智力超常儿童适合学奥林匹克数学，而能一路过关斩将冲到国际数学奥林匹克顶峰的人更是凤毛麟角。”著名教育专家孙云晓也指出：“学习奥数的过程，就是反复证明自己是一个傻瓜的过程，只有5%的数学天才爱好者，才会适合去学奥数。现在很多地方已经成为一个选拔学生的工具，这就是一种摧残。”可这样的初衷与“真实情况”，又有几个家长能够理解呢？我们试问一下自己：我的孩子属于这5%的范围吗？他对奥数真的有兴趣吗？而现实却是有60%的父母都希望自己的孩子能够学习奥数，这远远地超出了“适合”的比例。

是不是每个孩子都适合学奥数？奥数真的能开发每一个孩子的潜能吗？现今市面上的奥数班是否能够起到激发孩子学习兴趣的目的呢？当然不是。

早在2002年北京举行的国际数学家大会上，国内一些著名数学家就对低龄化奥林匹克数学热现象提出了批评。王元、杨乐等数学家认为，奥数本是一项很好的培养学生学数学兴趣的课外活动，但奥数班只是教给学生技巧性的东西，而这些技巧性的东西有时并不是青少年必须要具备的，更不能提高数学能力，有时甚至会造成钻牛角尖。而高中阶段年龄稍大的同学，如果对数学有兴趣，进而阅读相关书籍并参加比赛，是自然正常的。但现在许多地方从小学、初中就开始办班，结果使相当一部分学生感到枯燥，甚至对数学失去兴趣。

同时，父母也不能只看到“升学”这个近期目标，毕竟孩子的成长是一个长远的、发展性的过程。对于那些不适合、不喜欢学习奥数的孩子而言，奥数不但不能对他们起到潜能开发的作用，反而会透支他的潜能。即使孩子因为奥数成绩进入了期待的中学，但谁又能保证孩子会以所谓的“良好状态”持续发展呢？当孩子的潜能被透支的差不多的时候，我们面临的恐怕是孩子大幅度的退步了。

再来看一下近些年市面上比较火的珠心算。

什么是珠心算？就是在孩子心里建立起个算盘，把抽象的计算数字和算盘上的珠子联系起来，在心里用“拨算盘珠子”的方式把答案计算出来。当孩子掌握了一定的计算技巧，会很快地把多个数字的多种运算结果准确地脱口而出。珠心算的倡导者们纷纷向父母介绍其好处：通过培养孩子的心算能力，可以促进孩子情商发展，即提高孩子的自制力、注意力、记忆力等，还能促进儿童智力的发展。看到这样的介绍，我们可能都会觉得这很诱人，所以也就都愿意让孩子去学习珠心算，为的就是要开发孩子的潜能。

然而，珠心算有没有弊端呢？一位妈妈曾这样说：

女儿 4 岁左右时对 10 以内的加法口算算得很好，但对于减法一直不理解。她 4 岁半开始学珠心算，大概是一个由指算到珠算，再过渡到心算的一个教学过程。在学习的前两个月，因为老师提供给孩子很多有趣的手指游戏，孩子也很有兴趣，而且对减法很快就开窍了。

但是孩子 5 岁时，我发现她完全忘记了应用简单的思维计算加法，就连算算 3 + 5 也要用手指比划一下。于是，我让她完全停了珠心算课，她才逐渐地恢复了常用的计算思维方式，不再惦记心里的那个算盘了。

当然，这个小女孩的情况并不能代表所有学习珠心算的孩子，但至少还是能够说明一些问题的。

由于珠心算是从高位开始计算的，但小学里教的数学课程都是从低位开始计算的，所以这样两种互相冲突的教学方法，在思维直接的孩子的头脑里，可能就会产生混乱。另外，这两套学习之间的转换对于孩子来说也会非常困难，他的学习不会因此而有进步，反而还会受到很大的负面影响。其实珠心算只不过是一种计算的方法，数学要学的不仅仅是计算，如果孩子只潜心学习珠心算，还会妨碍他学习掌握其他的数学内容。

也有一些父母认为，在这个计算机时代，孩子根本不用具备那么强的计算能力，而且提高孩子注意力和记忆能力的方法有很多，并不一定要选择枯燥的珠心算。

虽然学习珠心算对于锻炼手指和大脑会有一定的效果，而且算得快对孩子自信心的提高有好处。但是，珠心算对孩子智力的开发到底有多大作用，国内研究者正在进行相关研究；珠心算能在多大程度上提高孩子的数学智慧，在哪个年龄开始学更合适，也有待研究。

2018 年 9 月，北京市教委和市政府教育督导室对幼儿园“小学化”开展专项治理活动。经查，西城区某幼儿园开设了“学前班、课后延时班”，在对于大班的幼儿的教学内容涉及了幼小衔接的部分课程教学，教委约谈了该幼儿园园长，要求幼儿园在延时班时段也要严格按照《3—6 岁儿童学习与发展指南》进行教育教学活动，取消珠心算和英语活动，杜绝“小学化”现象发生。

所以，在面对孩子是否要学习珠心算这个问题上还是慎重为好。如果盲目跟风，或不考虑孩子实际能力硬让他学，就有可能是在透支他的潜能。

那么，面对他人趋之若鹜的奥数与珠心算，我们又该怎么办呢？

● 不把奥数学习当孩子升学的筹码

奥数竞赛开展的意义绝对不是为了让小学生顺利进入理想中学，而是通过竞赛的交流，发现数学人才，并加以培养。何况，奥数题目难度很大，如果有一个优秀的老师可以借助这些题目帮助孩子提高数学兴趣，探索数学奥秘固然很好，但是又有几个老师如此优秀？

因此，如果不是孩子特别地爱好，过早学习奥数只能抑制孩子的潜能发挥。如同一个长跑运动员，一开始就“冲刺”，肯定不是最后的成功者，甚至会败得一塌糊涂。如果把孩子看做这个长跑运动员，进入中学学习，只是长跑的前半阶段，在这个阶段领先并不代表能一直领先，是否能够持续发展，关键看孩子的潜力。

因此，不要盲目为了孩子阶段性的成长，把孩子足以持续“长跑”的潜力透支光。这样，孩子学得很累，最后还没有得到相应的回报，得不偿失啊！

● **根据孩子的情况，让他自主选择**

不要强迫孩子学习奥数，把选择权交给孩子，孩子会知道自己喜不喜欢。如果孩子不喜欢而被迫苦恼地学，只能是摧残自己的身心。

● **用平和心看待孩子珠心算的学习**

有个女孩上幼儿园前，爷爷就给她教了一些珠心算的方法，“教学过程”偏重于“寓教于乐”。妈妈从女儿上幼儿园后的表现看出，学珠心算的确有一定作用。因为女儿能够独自计算5以内的加减法，不需要父母辅导。但是，妈妈也知道，如果孩子把珠心算学习得太深入，上小学后，学习数学就不会太顺利。因此，妈妈只是把女儿学习珠心算当成一次新尝试。

这位妈妈心态比较平和，她的做法也值得借鉴。

而有的父母特别希望孩子通过学习珠心算达到一个很高的水平。其实是没有必要的。因为开发孩子智能的方法有很多，不一定要借助珠心算。因此，要有一个正确的态度看待珠心算，可以让孩子去尝试、去了解，孩子如果喜欢，我们也不要让孩子学习得过于深入。如果孩子因此而痛苦，放弃珠心算也是件好事。

想一下吧，如果孩子每天都费力地在心里拨着“算盘珠子”，我们还有什么理由不高抬“贵手”，放了孩子呢？

人生规划——从小就规划未来，孩子长大才会拥有好的未来

人生规划，就是一个人根据个人发展的志向和社会发展的需要，对自己的未来发展道路提前作出策划和设计。它主要包括个人身心发展、学习与事业、情感与生活等方面的内容。

提到“人生规划”，很多父母就会认为这是大学生该做的事情，自己

的孩子还太小，根本就不需要什么人生规划。其实不然，人生规划，应该从小就做，如果等到大学甚至走向工作岗位再做的话，就为时已晚了。

很多人可能都听过类似的抱怨：“人生的最大悲哀，就是做了一辈子自己不喜欢的工作。”“人生最大的失败，就是忙忙碌碌一生，但最终却一事无成。”确实，有些人的人生就是这样。为什么？跟没有尽早地规划好自己的人生有很大关系。

人生在世如海上航行：人生规则就是前进的航道，人生目标就是灯塔。如果人生没有了规划，就如船失去了航道，只能莽莽撞撞地四处漂泊。

如果去旅行，但却没有做好旅行规划，随心所欲地到处乱逛，那么，旅行过程就会一团糟，也无法获得旅行的快乐。其实，对孩子来说，人生也是一次旅行，充满了神秘性、不确定性，可能会有快乐，也可能会有悲伤。如果他年幼的时候不做好人生规划，他的人生之旅也会充满变数，那么，到头来，他可能会因一生一无所成而抱憾终身。所以，为了让孩子在未来成为一个成功的人，我们就要鼓励他提早规划自己的未来。

哈佛大学曾经针对一些智力、环境等条件相近的学生做了一项跟踪调查，从而证明了做好人生规划的重要性。

调查人员首先调查了学生们的理想状况，结果显示：27% 学生没有人生目标；60% 的学生人生目标模糊；10% 的学生，目标清晰明确，但是仅有短期目标；3% 的学生有清晰明确的长期目标。跟踪调查持续了 25 年，结果是：那些没有人生目标的学生进入社会后通常生活在社会最底层，而那些人生目标模糊的学生工作后则基本生活在社会中下层，那些有清晰的短期目标的学生则生活在社会中上层，而那 3% 的学生后来大多数都成为了社会中的精英。

所以，要认识到人生规划的重要性，并引导孩子规划好自己的人生。

哪一个做父母的不希望自己的孩子有一个好的未来，有个好的前程，能有所作为呢？但是，如果孩子对自己的人生都没有规划的话，只会按照我们的要求走，可能就会出现两种不良情形：一是他一直在做自己不愿意或不喜欢的事情，无法全身心地投入，不但一事无成，还会郁郁寡欢；二是他在被动做事的过程中，感到了极度厌倦，总想冲出“重围”，从而产生了较强的叛逆心理。这两种情形，都是我们不愿看到的结果。所以，要让孩子从小就学会规划自己的人生，让他向着自己定下的正确的人生目标前进，做自己喜欢做的事情，做对的事情。这样，他才会越来越强大，越来越优秀。

周总理曾说过一句掷地有声的话——为中华之崛起而读书。这是在什么时候说的呢？在他 12 岁那年。周总理从小就对自己的人生有所规划，就立下了自己的宏图伟志，并身体力行，奋发努力，不断地完善自己。最终，他实现了自己的志向。

现在看来，难道不应该让孩子也从小就对自己的人生做一下规划吗？

如果我们的孩子也能从小立下宏图伟志，规划好人生，那他就会远离散漫、懈怠、盲从等消极的思想和行为，就会积极主动学习，身心健康成长。

● 引导孩子树立远大的志向

明代著名哲学家王阳明曾说：“志不立，天下无可成之事。”古罗马哲学家塞内卡也说：“如果我不知道驶向哪个港口，就没有任何风向适合我。”的确如此，如果我们不知道去哪里，那么再好的“外力”对自己也是没用的。孩子如果没有志向，他就没有人生目标，那么他也就很难有大作为。因此，我们要引导孩子尽早树立远大的志向，要知道，读书贵在立志。

可以给孩子讲一些思想家、政治家、科学家等著名人物立志的故事，讲一讲伟大人物的童年时代，如，周总理 12 岁立志“为中华之崛起而读书”，茅以升 11 岁立志造桥，等等。通过讲述类似的故事，为孩子寻找人生的榜样。这样，孩子也会从小立定志向，规划他的人生。

● 建议孩子从制订短期目标和规划做起

当有些孩子对自己的未来感觉很模糊而不知道要做些什么时，当有些孩子因缺少自信而认为自己什么也做不了时，当孩子认为人生规划离他太远时……我们可以建议他从制订短期目标和规划做起。

比如，在学习上要达到什么程度，每天应该怎样学习；在生活中要掌握什么技能，每天都要做些什么等等。当孩子按照自己的计划，通过不懈的努力而实现了自己的短期目标时，他会逐渐找到自信，明确自己的人生目标，为自己作出远大的人生规划。

当孩子开始制订短期目标和规划时，我们最好建议他制订规划表和时间表，还要时常督促和鼓励他按照规划表和时间表学习、做事。

● 引导孩子有计划地学习，拒绝盲从

有些父母从来不问孩子的意见，也从不与他讨论有关人生理想和人生规则的问题，而是见别人做什么他就做什么，看别人给孩子报了什么学习班，就给孩子报什么班。这种盲从他人的做法，不但会引起孩子的逆反心理，还有可能会让孩子远离他真正所爱好的东西，阻碍他的人生发展。所以，我们要坚持拒绝或改变这种盲目跟风的行为，注意了解孩子真实的想法，注意引导他设想未来，进而制订出属于他自己的人生规划。

此外，还有些父母存在只顾让孩子拼命学习，却从不与孩子探讨学习是为了什么，他有没有相关的学习计划等问题。这种毫无计划的学习，会让孩子失去学习的动力，甚至产生厌学的思想。因此，当我们鼓励孩子好好学习前，最好能问他对自己的学习或生活有没有什么想法，他长大后想做什么。然后，我们再根据孩子的志向鼓励他好好学习，这样做才能更好地激励孩子，让他能向着自己的人生目标不断努力。

● 要做孩子人生的“引航员”

有的父母总想做孩子的人生规划师，为他设计好人生蓝图，希望他按照父母为他规划的道路发展，如果他违背父母的意愿，父母就责备他，甚至打骂他。但是孩子有自己的想法、兴趣、爱好，如果父母把自己的意志加给他，他就会十分痛苦，进而产生逆反心理，甚至成为问题孩子。

因此，我们应该做孩子人生的向导、引航员，而不应该做他的人生的规划师。关于孩子的未来，他自己才是最有发言权的人。所以，我们应该坐下来，多倾听孩子的想法，多尊重孩子的意见，不要对他说“你将来要成为一名医生”“我想让你……”等类似的话，毕竟孩子的人生是自己的。其实，我们要做的应该是给孩子以引导，引导他做好人生规划。比如，他喜欢画画，就可以给他讲讲徐悲鸿、达芬奇、毕加索等中外大画家的故事，或者带他去参观各类画展，多欣赏一些名家的作品，提高自己的人生境界，再进一步鼓励他学习绘画知识，这样他才能实现自己人生规划。

此外，在引导孩子做人生规划时，不要向他传达那些庸俗的思想，比如对他说：“你将来要当大老板，赚500万”“将来要当大官”等。否则，孩子只能成为一个利欲熏心、庸俗不堪的人，最终害人又害己。

● **鼓励孩子向着自己的目标不断努力**

要实现远大的人生志向，并不是一件容易的事情。孩子在不断努力进取的过程中，肯定会有想要懈怠和放弃的时候，也会有脱离既定的人生规划的时候。此时，他需要我们的同情接纳、理解、包容、安慰和鼓励，最不需要的就是我们的呵斥、讽刺和苛责。

所以，当孩子感觉到累了的时候，请用我们的温柔包容他，请用我们的智慧去帮助和鼓励他……我们可以为他做好吃的饭菜，为他放舒缓的音乐，为他做做按摩，也可以帮他寻找适合他的学习方法和做事方式……当他重获力量继续努力奋斗时，我们也要为他加油！

出国留学——过早远离父母的孩子就像断线的风筝，不知道飞往哪里

从改革开放起，“出国留学”就逐渐地走入了普通老百姓的视野，一些经济条件较好的家庭开始关注出国留学，更有少数的父母开始盘算着送孩子出国上学。然而，几十年过去了，“出国留学”已经不是极少数家庭的渴望，而名副其实地成为一股热潮。同时，出国学生的年龄也越来越小，有的父母就想把上小学或初中的孩子送出国上学。然而，那些一门心思想着让孩子出国留学的父母，又有几个是通过理智的思考作出的选择呢？

一位母亲想让孩子出国留学，又拿不定主意。于是，她就去一个留学中介机构咨询，当见到留学顾问时，第一句话就说："你帮我拿个主意，我身边很多朋友都把孩子送出去读书了，我要不要也把孩子送出去？可我又觉得送孩子留学划不来，我一个亲戚很早就把孩子送到英国去读书，共花了四五百万元，可回来工作后，一个月才挣5000多元。"

这种盲目随大流要送孩子出国，甚至需要留学顾问帮着拍板的父母不在少数。父母都是如此盲目，孩子还会对出国上学有理智的认知吗？

这些父母为什么想着把孩子送出去呢？

第一，孩子学习成绩差，没有能力通过高考进入国内大学学习，加上家庭经济条件不错，就选择去外国读书。

第二，周围朋友的孩子都在国外上学，自己的孩子不出去显得不符合自己的身份和财力。

第三，孩子在口头上表示对西方文化的喜爱，喜欢西方国家，执意要出国，父母执拗不过，家庭经济状况尚可，就把孩子送了出去。

以上三种原因都显得特别盲目，不是为了逃避高考，就是为了显示身份，要么就是随顺了孩子的任性。

当然，不是所有的父母都如此盲目。

彭女士去年刚刚把儿子送到了美国读高中。

在有打算送孩子出去之前的一年时间，彭女士就曾仔细考察过中外中学的教育体制：从课程设置看，国外中学教育涉及面很广，孩子在中学阶段就能接触和学习到自己真正感兴趣的学科。从孩子的精力分配上来看，国内孩子针对考试要花费大量时间和精力，而国外孩子除了正常学习外，还有大量的课余时间参与有兴趣的活动。从学校设施看，国外学校提供给孩子们的活动空间很广，运动、音乐、戏剧、艺术等活动场所非常丰富。

彭女士认为，中学阶段正是孩子思维最活跃的阶段，是激发孩子创造力和个性发展的最佳阶段，所以，最终选择了把孩子送出去。

这位母亲对于为什么要送孩子出国学习有较为理智地分析。然而，孩子会不会如母亲所愿利用国外开阔的教育平台，帮助自己更好成长呢？孩子会不会像断了线的风筝，越飞越没有方向呢？这一点的确很难讲。

童先生的孩子在高中时成绩不好。于是，他把孩子送到了英国读书。当孩子离开了父母后，并没有自律能力，也没有像父母希望的那样读完预科上大学。而孩子足足在英国读了5年预科都没有考上大学。

之前，孩子一直瞒着父母，最后实在隐瞒不下去了，回国后向家里坦白了情况。童先生和妻子当时就蒙了，想想这些年花费进去的钱足有两百万，最后孩子除了增长年龄之外一无所获地回来了，两口子真是后悔莫及啊！他们这才明白：把心智不成熟、生活自理能力弱的孩子送到国外上学简直就是失败之举。

孩子在国外未能完成学业还不算什么。有的孩子出国之后根本无心学习，而是被国外的纸醉金迷的生活所吸引。孩子拿着父母的钱不是买跑车炫富，就是找男女朋友，要么就是频繁地参加各种各样的派对。在这个过程中，很多孩子不仅仅花费了大把大把的钱财，自身也染上了很多恶习，有的甚至染上毒瘾和生理疾病。

出国留学是一个人学习生涯的一次重要规划。但是，不是每一个孩子都适合出国留学，也不是每个孩子都需要出国留学。对于孩子是否出国留学的问题，我们和孩子都要弄清楚以下几个问题：为什么出去？有没有能力出去？出去做什么？对前往国家和学校了解多少？当我们和孩子作出令自己满意的回答后，再作决定也不迟。

因此，我们对待孩子出国留学的问题，一定要理智，不可盲目从众，要根据孩子的实际情况来决定，要做充分的思考和准备。

● 明确孩子留学的目的

首先要问自己：为什么送孩子出国？孩子出国干什么？有的父母说，孩子在国内考不上大学，不如去国外上大学。请问，孩子没有能力考上中国的大学，原因在哪里？说明孩子的学习能力不强，所谓学习能力包括：理解力、记忆力、自律力、耐力和毅力。试问，这些学习能力不强的孩子面对枯燥的外国语言，有没有能力过了这第一关？如果勉强过了第一关，有没有自律能力完成大学学业？

所以，千万不要打着“学习”的旗号，让孩子在国外放任自流。最后，孩子在学业方面没成就，西方阴暗的不入流的东西沾染了一大堆。所以，在确定孩子出国的目的时，要注意看看孩子是否具备达到这个目的的条件。

一位女生在大学期间学习不错。大四那年，她希望自己能去国外学习一些专业相关的先进知识，于是，就做了详细的出国攻略。

在父母的支持下，她考完了雅思，并向自己看好的一所国外大学发出了申请。后来，经过一系列的考核，她被心目中的大学录取，并开始了她的研究生学习。

是不是所有出国的孩子都能像这个女孩这样有能力、有明确目标地实施出国计划呢？他们是不是清楚地知道自己出去做什么呢？

因此，为人父母者千万不要一厢情愿地送孩子出国留学，而是真正地问问自己为什么送孩子出去，孩子有没有能力达到你所期待的目标？有了明确的答案，再作决定也不迟。

● 了解孩子有没有能力独自抵御国外生活的困苦

近年来，越来越多的中学生，甚至小学生出国留学。这些孩子从小受到父母的万般呵护，可能还不具备独立生活的能力，加上孩子的世界观和人生观还没有形成，到了国外，当他不得不独立面对完全陌生的世界时，身心承受能力就很难抵御外来的困苦。背负着巨大的心理压力，还如何完成所谓的“学业”？而且，中国留学生在国外发生惨案的事件屡见不鲜。孩子这个被父母放飞的风筝，还没有飞翔，就折断了翅膀。

因此，我们要了解孩子的自立能力、心理承受能力、与人交往能力等等，如果孩子的心智尚未成熟到独自面对陌生国度的生活时，我们千万不要冲着一个“学习”的目的送孩子出去，否则无疑是在伤害孩子。

当我们想让孩子出国之前，先看看孩子是否具备了强健的体魄、良好的综合素质、正确的价值观、扎实的学科基础以及突出的外语水平。如果我们相信孩子有能力独自面对异国的生活，而且他也愿意，家庭经济条件也允许的话，支持孩子出去学习当然不是坏事。

● 我们要对国外的环境有充分了解

在为孩子选择学校的时候一定要慎重。曾有些欧洲国家针对中国留学生推出大批酒店管理学校和金融管理学校。实际上，这些学校缺乏基本的教学设施和教学软件。其颁发的所谓“文凭”既得不到当地政府的承认，又得不到中国教育部门的认可，导致一些留学生不得不费尽周折转学或回国。

所以，我们不要一味地听中介的介绍，毕竟中介机构也是良莠不齐，如果盲目听信，有可能上当受骗。所以，在为孩子做出国准备前，我们不但要咨询经验丰富的专业人士，也要和孩子认真了解前往国家的国情、风俗、文化、宗教、法律等相关情况，做到心中有数。

而且，孩子除了学会英语外，最好能够熟练掌握前往国的通用语言。同时，要让孩子懂得如何用当地法律保护自己的合法权益，学会主动与驻外使领馆和教育机构联系，以便在遇到困难和问题时能及时获得帮助。

教育趋势——盲从所谓的“教育趋势”，实际上可能是“跟风”

近年来，早教班、奥数班、少儿英语班、各类兴趣班等不但已经形成了庞大的“教育市场”，甚至开始被当成这个时代的教育趋势。这股教育风越刮越猛，刮得一些父母心里直痒痒，刮得孩子“忙忙忙”。

这种教育模式之所以能形成风气和趋势，跟一些父母盲目选择有很大关系。一开始，少数父母为了充实孩子的课余生活，帮孩子选择一两个科目；也有个别孩子从小就在某方面展现出天赋，父母为了培养他，支持他参加课外班或拜师学艺。但是，并非所有的父母都认为孩子的课余生活要用其他学习方式去填补，也不是所有孩子在小时候就能显现出对某方面的特殊爱好。可为什么这些少数父母对孩子的教育引导，现在却成了一股不可抵挡的教育风气？为什么技能方面的拜师学艺，现今却通过教育机构演变成了“批量生产”？

就以奥数班为例，如果说第一家奥数班的开办是为一些有数学天赋的孩子提供进一步学习的机会的话，也可厚非。但当这些孩子开始学习的时候，就牵动了其他孩子父母的心弦。这些父母不顾孩子是否是数学天才，也试图让孩子去学。当一些有商业敏感度的人嗅到了这股“教育需求风”的气息时，奥数班就如雨后春笋般地兴起。当这些机构满足了那些父母的需求后，其他尚且没有让孩子去学的父母，为了不让孩子有异于其他同学，为了不让孩子“落下”，于是纷纷“跟风”，把孩子们送入了这条“生产线”。

而这股“教育风”对孩子真正的教育意义有多大？不得而知。而这些校外教育机构起初成立的时候，有几家是真正为孩子们的未来考虑？亦不得而知。既然如此，为人父母者就更需要擦亮眼睛去观察，开动大脑理智去判断，而不是人家做什么我就做什么，人家的孩子学什么我就学什么。要从孩子的真正需要出发，而不是盲从这股所谓的“教育风”。

遗憾的是，当这股“教育风”来势凶猛的时候，又有几个父母能够清醒而理智地作出判断呢？

有个女孩的妈妈原本不太赞成她参加课外班，但是，女孩在班里的几次尴尬，让妈妈开始犹豫。班级里的大部分同学都参加了某课外英语班的学习。有时，同学们凑在一起会谈论两位英语老师教学方式的不同，此时，女孩就插不上话。这还不算什么。有一次，英语老师上课问了一个问题，大部分同学异口同声的回答让女孩不知所措。虽然，老师继续讲解了这个问题，但是，大部分同学表示自己都会，不用再讲，老师也就“蜻蜓点水”地过去了。而且，参加过英语课外班的同学总是会在学校的英语考试中获得高分，听力和口语也比其他同学强。当女孩自己感受到差距的时候，就向妈妈说出了想上课外班的想法。

相信很多孩子都有这个女孩的经历，才不自觉地在课外班中做着选择。这个女孩的妈妈从最初的坚持到后来的徘徊，再到最后的顺从，也实属一个无奈的过程。但这不能不算是一种“跟风”。

所谓“跟风”，就是没有主心骨地跟着别人的选择而选择，跟着别人的放弃而放弃。有的父母听到某位教育专家说“课外班对孩子的成长弊大于利”后，就马上给孩子停掉课外班的学习，这样的父母是不是又“跟风”了？因此，在这个众说纷纭的社会中，我们不要盲从别人的说法。别人说的也许没错，但不一定适合自己的孩子。我们的选择一定要以孩子的自身情况为基准，这样作出的选择就不会是“跟风”的。

一位教育官员对跟风教育做了这样的比喻：“大地震的时候，如果你身处尚未有震感的城市的一幢大楼中，你确定这个楼不会倒，但是，除你以外的所有人都提着包往楼下跑，你一个人能不能淡定地坐在那里不动？这就跟别人家的孩子都在上课外班，而你家的孩子不上一样。”而另外一位教育官员也谈到：“我不支持孩子上奥数，孩子也听话，没去上。但是，过了不久，孩子就熬不住地似的来问我：‘爸爸，你不让我上奥数，会不会害我？’”

是啊，当今社会，有很多父母让孩子一定要跟风；而有的父母明知那是跟风，却不得不跟；还有的父母淡定地坚持：“我希望孩子能快乐，不需要他多有成就。”作为父母，我们到底该如何面对呢？

● 正确面对当今的社会大环境

李女士是一位幼儿园老师。女儿上小学第一天回家，李女士问道：“今天老师布置什么作业了吗？”孩子一脸无辜：“我不知道有什么作业。”于是，李女士拨通了孩子班主任的电话，可是班主任老师却训斥道：“你还是幼儿园老师呢，怎么连孩子最起码的学前准备都没有做好？”

原来，当天放学前，老师在黑板上布置了作业，可是由于孩子看不懂黑板上的字，根本不知道老师布置了什么作业。

李女士也深感委屈，因为在幼儿园的教学中，是不允许教孩子识字、汉语拼音、加减法的。可是父母却不得不面对这样的现实。

先不说这位老师是否负责，但是当父母面对孩子这样的处境时，也会难受和无奈。

如果我们既不希望孩子随波逐流，又不希望这个不正常的教育趋势把孩子甩在后面，那我们就要更应该了解“自然教育”的重要。就是说，孩子在学龄前有潜能认识很多汉字，有潜能学会简单的数学计算，也有潜能记住数量不小的英文单词。但是，这种潜能的挖掘一定不是以“报班学习”的方式进行的。

那我们应该怎样激发孩子的潜能呢？比如，我们可以在孩子学龄前，教孩子诵读中华传统经典。孩子在读经典的练习中不知不觉地就能认识很多汉字。关于数字的概念，我们在摆放碗筷的时候，就可以让孩子数数几个人，几双筷子……诸如此类的练习和接触多了，孩子自然就会了。

当然，孩子上小学、初中之后所面对的情况不仅仅是几个汉字和几个数学题那么简单。我们首先要鼓励孩子把课堂知识学扎实、学透彻，如果孩子自己觉得这些知识不能满足自己的胃口，而且事实也确实如此，在孩子愿意的情况下，我们可以给孩子提供更多的学习机会。如果孩子本身连课堂知识都不能消化，再盲目地跟风报班学习，对孩子又有什么好处呢？

因此，自己的孩子是否要像其他孩子那样学这学那，不是由周围学习孩子的数量决定的，而是由自己孩子自身的需要和意愿来决定。

● 不要走向“另一个极端”

当大部分父母盲目地服从所谓的“教育趋势”时，很多教育专家又在呼吁“不要跟风教育、不要让课外班累死孩子”，这时，我们会不会又跟向另外一股教育风潮——绝不让孩子上课外班？

有个女孩一直和班里的大部分同学参加一个课外英语班。假期到了，英语班的老师说要给学生报名参加比赛。女孩的妈妈一直是一个很有主见、不爱跟风的人，虽然很多同学都报名了，但是妈妈并不希望让女儿参赛，她不希望孩子小小年龄就面对比赛的压力。

当她把想法告诉女儿时，女儿却说：“我喜欢上王老师的课，而且王老师说了，我们大家都能在赛前培训中受益，我们同学都参加了，我也想参加。”她一听，为难了。本来她就对上课外班不支持，但是女儿喜欢学，她就没有反对。这次，她经过慎重考虑后还是尊重了女儿的选择。

这位妈妈是不是拗不过女儿最后“跟了风”呢？当然不是。

我们不提倡父母跟着风地教育孩子，但是，这并不代表父母就一定不能让孩子上课外班。不是给孩子报班就是“跟风”，不给孩子报班就是“不跟风”，而父母是不是“跟风”，主要看父母作出选择是盲目的，还是理智的。

既不能看人家孩子学什么就追在后面要求自己的孩子学什么，也不能为了表示自己“不跟风”就一定不让孩子学什么。当一股风潮刮来时，我们首先想到适不适合自己的孩子。如果拿捏不准，就问问孩子的意见，也许，孩子的回答会让我们“如梦初醒”，理智地作出判断与选择。

神童——每个孩子可能都是神童，但是却又成不了“神童”

神童，一个令父母怦然心动的词。要说哪个做父母的不希望孩子成为“神童”呢？但要是有父母说：“我不希望自己的孩子成为什么‘神童’，他只要快乐地成长就行了！”这样的父母才是真正有智慧的父母。

可能希望孩子成为“神童”的父母就纳闷了：“孩子成为‘神童’有什么不好？难道成为‘神童’有错吗？”孩子如果成为真正的神童，当然没有什么不好，也当然不会有什么错。但是，这个社会真的有所谓的“神童”吗？父母眼中的“神童”是什么样的呢？是“1岁识字，3岁扫盲”吗？是很小的时候就会“背古诗文”吗？

到底什么是神童，确实值得我们做父母的反思。

先说明一下：其实每个孩子可能都是神童，这个神童是指具有真正的、超乎我们想象的智力潜能，这种智力潜能是看见摸不着的，而如果我们不懂得让孩子顺应这种智力潜能发展，他就会沦为普通人，就如我们耳熟能详的方仲永。而大部分父母所期待“神童”，多表现为“认识很多字”“会背古诗文”等，也就是说，是具有其他同龄孩子所不具有的某种能力的孩子。

所以，本节内容会以加引号的方式来表示后一种“神童”，以区别前一种的真正的神童。说到这里，也许我们就能看懂“每个孩子可能都是神童，但又成不了‘神童’”这个标题的真正含义了。

说到父母眼中羡慕不已的“神童”，就不得不提一下古代的方仲永。

金溪平民方仲永，长到5岁时还不认识笔墨纸砚。但有一天他却哭着向父亲求要这些东西，得了纸笔后竟然写下诗句，还题了自己的名字。后来，方仲永可以指物为诗，诗的内容也为人大加赞赏。人们纷纷邀请他，还花钱求他的诗作。他的父亲认为这样有利可图，每天拉着他四处拜访，却不让他继续学习提高……他最后的结局是“泯然众人矣”，跟常人一样了。

虽然方仲永天生才华出众，但是因为被父亲当做造钱的工具到处“表演”自己的才能，再加上他后天不努力学习，最终沦落成了一个普通人。

人的聪明智慧主要由大脑决定，研究发现，胎儿出生前的3个月到出生后的1年之间，是大脑发育的最高峰，这个时候如果能够为大脑提供足够的营养，人脑的智力能力发育是很惊人的。而孩子出生后，一般到2岁左右就开始有语言思维活动，在4岁时就会有成人智力的50%，到8岁则可达到80%以上。

事实上，每个孩子都是神童，潜力都是无限的。但是因为父母是“笨蛋”，老师是“笨蛋”，所以就把本应该是神童的孩子都教成了笨蛋。倒是前面提到的那位“希望孩子快快乐乐成长，而不希望他成为‘神童’”的父母的孩子反而有可能成为真正的神童。因为，他的父母没有限制他的发展，顺应了他的天赋，没有想当然地阻碍他的成长。其实，在孩子6岁前，我们对他的“教育”不是我们“做”了什么，而是我们“不做”什么。这个“不做”就是顺应孩子的天赋，孩子自然能得到很好的发展。

也就是说，一个神童的发展，与其先天因素与后天的教育都有紧密的联系，如果仅凭先天所谓的天赋，却没有后天的教育，或者教育不恰当，神童也非常可能会沦为普通人。

遗憾的是，我们今天却把很多神童孩子都培养成了普通人。即使是想把孩子培养成所谓的“神童”的，也因为教育不得法，而让孩子成为昙花一现的“数学神童”“音乐神童”“象棋神童”“美术神童”……

来看一个新闻报道：

据《人民日报》报道，2012年5月13日，北京市1000多名小学生齐聚北京八中，参加“神童班”的入学考试，而北京八中只招收约30名学生。

记者在采访中了解到，父母之所以热衷“神童班”，是因为有的父母认为自家孩子的智力超常，不试一下太可惜，有的父母希望孩子用4年的时间完成8年的学业，然后直接参加高考，还有的父母是为了让孩子见见世面。

在等待入场的时候，有的父母不停地鼓励孩子“加油”，有的父母不断地叮嘱孩子“别紧张”，还有的父母提醒孩子“不要进错了考场”。

显然，这些父母都非常重视这次考试。然而，一些孩子并不清楚这次考试对自己意味着什么。

前面我们说了，其实每个孩子都可能是神童，但是关键是我们的教育要得法。如果是为了把孩子培养成“神童”而让他进入所谓的“神童班”或名校，结果反而可能是“欲速则不达”。

1978年开始，中国科技大学设立了少年班，其中招收了很多“神童”。而少年班几乎每年都有1—3个“问题学生”被退学。这些被退学的学生，有的是自控力差、贪玩、学业跟不上，有的则是品行不端，还有的出现了严重的心理问题。也有个别学生因为生活不能自理而休学。而这些“神童”长大成人后，他们中有一部分的确很有建树，但还有一部分却因为以上的种种原因，只留下一些令人惋惜的故事。

可见，“神童”并不神，盲目追逐培养，也许会起到反效果。

家有“神童”，也许令人欢喜，但如何对待“神童”，如何让他能尽情发挥潜能却非常重要；而如何让他除了有学习能力，还要具备其他各方面的素质则更为重要。天才教育，既不能放任自流，也不能片面教育，我们应该要好好思考，寻找一条合适孩子发展的道路。

美国应用数学家诺伯特·维纳18岁时就获得了哈佛大学哲学博士学位，他曾经向全世界呼吁：神童不一定为社会所需，他们中的一些人脱离了现实社会，生活变得很艰难。

所以，我们不能只看“神童”身上最光鲜的一面，还要纵观他的一生。因此，我们要针对孩子的具体情况，以一颗平常心来培养他，并非要把他培养成“神童”，而是要把他培养成一个有思想、有内涵、有抱负的人。

● 快乐童年比成为“神童”更有意义

一些父母要把孩子培养成“神童”，反映的是一种急功近利。正是因为这个原因，很多孩子被迫失去了应有的天真烂漫，失去了纯真无邪的情感，失去了无忧无虑的童年。试问，对于孩子而言，快乐的童年与急功近利的“神童”相比，哪个更重要呢？相信每一位父母的心中都有答案，那就还给孩子一个快乐的童年吧！

我们要把孩子培养成“神童”，也许会获得成功，但是在成功的背后，很可能是一个心灵扭曲、性格缺陷的“孤独者”。因为，当孩子被迫接受“神童”培养时，他根本没有时间与同龄孩子玩耍、交流，根本无法按照自己的意愿行事，结果天性受到压制，个性得不到发展。这是多么巨大的代价啊！那么，我们是否还执意让孩子付出这样的代价呢？

著名教育家陶行知曾经说：“要解放孩子的头脑、双手、脚、空间、时间，使他们充分得到自由的生活，从自由的生活中得到真正的教育。”只要我们把天真、快乐、无忧无虑的童年还给孩子，让他充分享受自由的生活，他的天性和个性就会得到发展，他就会获得幸福。

● 不要妄想用一个模式克隆出“神童”

世界上没有两片完全相同的叶子，同样的，世界上没有完全相同的两个人。每个孩子的个性特点都是千差万别的，每个孩子的成长之路都是丰富多彩的，所以我们不能妄想用一个模式克隆出“神童”。

● 注重神童孩子的后天培养和教育

每个孩子可能都是神童，这个“神童”的说法，我们自己知道就好，不要给孩子贴上“神童”标签，因为“神童”的光辉很可能会随时间褪去，正如古语所说，“小时了了，大未必佳”，即小的时候很聪明，长大了未必会很有才华。所以，我们还应该带孩子到外面广阔的天地里去看一下，让他增长见闻。还有，要教他学会应对外人的夸赞与吹捧，要教他保持一颗沉静的心，教他学会明辨是非，有德行，这样他才不会用错了他的聪明才智。

分数——不要以分数“论英雄”，分数，并不是孩子的“命根”

在孩子们之间一直流传这样一句顺口溜：“分、分、分，学生的命根；考、考、考，老师的法宝。”两三个阿拉伯数字，竟然成了孩子们的“命根”，这难道不让我们做父母的反思吗？其实，分数已经不仅仅是孩子的“命根”了，更是父母的“命根”，很多父母都是以孩子的分数来论他是否是“英雄”。父母抓住这个“命根”就等于抓住了希望吗？

有两个女孩同上初中2年级，也是一对成绩相当的好朋友。每次考试成绩出来，彼此的父母都会很关注她们的成绩，言语中也会透露出比较之意。

一次期末考试之后，两个人都同时退步不少，面对成绩，两人都没有勇气告诉父母，因为她们已经预料到结局将很惨。好在两个人还能互相安慰和支撑，但是，不想面对的心态促使两人商量着如何逃避，萌生了逃跑、自杀、跳楼等想法。不过，最终还是理智占了上风。

如果两个孩子一时想不开做了傻事，父母岂不是后悔莫及？而今，多少孩子面临分数的压力而患上精神疾病，甚至自杀的事件时有发生。这是父母抓住“命根”后想要的结果吗？这是父母没把孩子当命根，而错把分数当“命根”的结果。

孩子是活生生的人，他有思想、有情感、有主动性、有差异性，更重要的是有潜力。而分数只是一个数字，一个有局限性的标尺，“分数”与“孩子”根本没有可比性。作为父母，我们应该全面地了解孩子，激发孩子的各方面潜能，不仅仅以“分数”去测量孩子，帮助孩子在品行、能力、个性、特长等方面获得全面发展。

叶圣陶先生是我国现代著名作家、儿童文学作家和教育家。他的儿子叶至善从小学习成绩不好，曾在小学和中学留过4次级。每当儿子的考试分数低于60分时，儿子就会灰心沮丧，而叶老都安慰儿子不要背思想包袱。因为，他了解儿子不喜欢死记硬背，但表达能力并不弱，知识面也不窄。于是，他根据儿子的情况帮他选择了一所适合的学校。

此后，儿子对学习感到有兴趣了，也不用整天把时间花在做练习题和做作业上了，有足够的时间看课外书籍、唱歌、吹口琴。同时，叶老特别支持儿子看课外书，还指定了一些必读书籍。他还为儿子买了一架天文望远镜和显微镜，鼓励儿子观察和思考自然界的各种现象。

儿子22岁那年，叶老开始让他学习写作和编辑业务。在叶老的教育和影响下，叶至善成为著名作家，曾任中国青年出版社编辑室主任、中国少年儿童出版社社长兼总编辑、全国政协常委、民进中央名誉副主席、中国科普作家协会理事长等。

叶圣陶先生不看重分数，却非常重视培养儿子读书学习的兴趣，叶至善的成就与父亲的教育方法分不开。叶老一直主张“不以分数论英雄”，因为每一个人的智能不同。

哈佛大学心理学教授霍华德·加德纳曾指出，人有八种相对独立的智能：语言智能、逻辑数学智能、视觉空间智能、音乐智能、肢体运动智能、个人内省智能、自然观察智能和人际关系智能。每个人都兼有八种智能，而又突出某种智能。

而我们现行的考试制度大多以语、数、外、生、物、化、地等为主，那么语言智能和数理—逻辑智能强的孩子当然就占优势。实际上，在生活中人际智能和内省智能显得更为重要，而这非常重要的智能恰恰没有办法用分数去测量。

因此，分数绝不能衡量孩子的全部能力，更不能成为评价孩子的唯一标尺。死读书考高分也不代表成功，因为一个人如果“高分低能”，却没有什么担当和做事的能力，也没有好的人际智能，这样的人也很难在这个竞争日益激励的社会中站稳脚跟，那他又怎么可能获得成功呢？

实际上，孩子能愉快地、主动地学习，找到适合自己发展的路，才是成功。那么，我们做父母的又该怎样面对孩子的“分数”呢？

● 不以高分而雀跃，不以低分而萎靡

作为父母，我们对孩子的分数一定要有一个正确的态度。

有个上初中的女孩，当她考试成绩不好时妈妈就会非常沮丧地说：“我们辛辛苦苦培养你，你这么不争气、没出息，让人失望。”并且好几天都不理她。但当她考好时，妈妈特别欣喜，又亲又抱，还说：“真是妈妈的好乖乖，袜子都放着，我给你洗。”女孩总是觉得哭笑不得，总想问一句：“妈妈，您到底是爱我，还是爱分数？”

所以，我们不要因孩子考高分而雀跃，也不要因为孩子考低分而萎靡。而这样的态度，我们也应该让孩子拥有。

● 要改变对“人才”的认识

不是分数考得高，以后成就就大。大量事实证明，有成就的人不一定是分数高的人。如爱迪生小时候曾被当做低能儿，然而他却成为举世闻名的大发明家；《窗边的小豆豆》的作者黑柳彻子小时候是被学校开除的儿童，但后来成为日本著名的主持人和畅销书作家。

而且，不是只有知识渊博的科学家是宝贵的人才，在平凡的岗位上努力工作、刻苦钻研、尽心尽力的人也是人才。所以，我们要改变对人才的观念，俗话说，“三百六十行，行行出状元”，任何一个岗位都需要卓越的人才。

● 以培养孩子健全人格和良好性格为基准

卓越人才的基础是健全的人格，我们首先要重视对孩子性格和品德的培养。我们和其他父母之间动不动比谁的孩子学习好、分数高，这本身就把“分数”放到本来不该有的高度。而我们过度重视分数，反倒会看不见孩子品质上的优势，而良好的性格和人格才是幸福的源泉。这是需要我们细细品味的。

● **帮孩子打开兴趣之门**

学习成绩不好的孩子，一般都比较讨厌学习。我们不是一味地让孩子提升成绩，而是先让孩子转变学习态度。如何转变？从孩子现有的基础上，给他能消化的简单知识，再逐步提升知识的难度。当然，这需要我们绝对的耐心和对分数完全地不在乎，可能需要很长的时间，孩子的进步才会从分数上体现出来，但父母为孩子打开的是自发学习的大门。

● **因材施教，注重孩子全面发展**

每一个孩子都有自己的突出的智力能力，我们一定要发现孩子的擅长之处，根据孩子的特点进行科学的引导，激发孩子的创新能力，使孩子最大限度地发挥他的优势，施展自己的才能，为社会做最大的贡献。

因此，要看到孩子的天赋，了解孩子的智能特点，不要抓住“分数”不放。如果总是盯在“分数”上，就很难看到孩子其他方面的优势，看不到孩子的优势，又如何采取“因材施教”的方式把孩子培养成才呢？

每个孩子都正处于成长阶段，我们要给孩子真切的关怀，而不是将他等同于一个符号或一个分数。要对孩子的德行、体育、美育、劳动等各种方面给予关注，这些都是孩子整体素质的反映。只有我们自己先建立起了正确的教育观和人才观，才能帮助孩子树立正确的人生观和价值观。

标准答案——别让所谓的“标准”限制甚至是扼杀了孩子的想象力

某国际教育组织曾对全球21个国家进行过一项调查，结果发现中国的孩子计算能力排第一名，可是想象力却排倒数第一名。这样的调查结果不得不引起我们的重视，到底是什么扼杀了孩子的想象力？

在小学2年级的语文测试中，老师出了一道题：“雪化了是什么？”有一名学生从小就喜欢看童话，给出了这样的答案：“雪化了是春天。”

看到这个答案后，老师毫不客气地在卷子上打了一个鲜红的“×”。原因是与标准答案不符，标准答案应该是“雪化了是水”。

看到这一幕，我们不仅要感叹孩子的回答简直太有想象力了，同时也很惋惜，这么有创意的答案怎么换来了一个“×”呢？难道非要追求“标准答案”吗？孩子的想象力有时候就是被“标准答案”扼杀了。

在一期关于“儿童益智”类的电视节目上，主持人问：“气球为什么会飞上天空？”“小猫为什么要洗脸”……有一个孩子回答：“气球飞上天空是去找小鸟。”“小猫没有抓住老鼠，非常伤心，哭花了脸，所以要洗脸。”本来孩子的答案很有创意，可是主持人却说：“回答错误。”接着公布正确答案：“因为气球里装的是氢气，氢气比空气的密度小……”

如果单从孩子学习知识的角度来看，主持人的回答无可非议，但是孩子们的回答充满了想象和童真，我们就忍心打击他的创造性思维吗？到底是保护孩子的想象力更重要？还是让他知道某个知识点更重要呢？

想象力本身是创造力的源泉，任何一个科学家、艺术家，或者一个优秀的职业者都一定具备丰富的想象力。瓦特正是有了“为什么蒸汽能把壶盖顶起来”的思考，才有了后来蒸汽时代的到来；而莱特兄弟正是有了“人能否长上翅膀，像鸟一样在天空中飞翔”的异想，才有了人类飞天的现实。而任何一个人越是具备想象力，越能在自己的工作中尝试创新，而职业本身就是因为有了创新才进步，整个社会也是因为创新才发展。

因此，在某种意义上，一个国家整个国民的想象力决定了这个国家的发展速度与程度，正如美国之所以科技发达，不是因为美国人天生具备想象力的优势，而是他们的后天教育很少扼杀孩子想象力的发挥。

而今天我们一些老师和父母是不是太过于信赖标准答案？或者当所谓的标准答案和孩子的想象力发生冲突的时候，父母和老师都会肯定“答案”而否定孩子？其实，信赖标准答案也可以，但一定不能排斥“非标准答案”。否则，当孩子的答案一旦不标准的时候，父母必然要习惯性地打压孩子，否定孩子。如此一来，孩子的想象力如何发展？孩子创新精神如何培养？

孩子们不再想象，社会还会有进展吗？

有没有两全其美的方法，既让孩子学到知识，又能保护好他的想象力，激发他的创造性思维呢？答案当然是肯定的。那我们应该怎么做呢？

● 不要轻易否定孩子的答案

对于孩子有创意的想法，我们不可以直接说“错。”否则，就会打击孩子思考问题、回答问题的积极性。相反，我们可以这样说：“嗯，想法很有创意，不过再想想，还有没有更好的想法。”以此激励孩子更进一步地思考。当他再一次作出回答的时候，我们可以鼓励他：“嗯，已经离标准答案很近了，再好好想一下。”总之，我们的回答一定要以激发孩子积极思考问题为出发点，不要轻易扼杀他的想象力。

同时，在给出标准答案之前，我们也要肯定孩子充满想象力的回答，这样才能既保护他的想象力，又让他掌握一定的知识。

● 不要让知识摧毁了孩子的想象力

爱因斯坦曾经说：“想象力比知识更为重要，因为知识是有限的，而想象力却推动着知识的进步，是知识进化的源泉。”的确，想象力可以超越时间和空间的限制，让孩子认识到更为广阔的世界，从而使有限的知识得以在生活中实践。

然而，在现实生活中，很多父母只想早点让孩子掌握更多的知识。结果呢？孩子看到圆圈，只会说它是数字“0”或英语字母“O”，却再也不能说出“太阳”“鸡蛋”“气球”“肥皂泡”之类的答案了。

单从知识角度来说，我们给孩子传授知识不可谓不正确，但是如果我们只要求孩子遵照“标准答案”而不可越“雷池”一步，结果只能把他打造成“流水线”上生产出来的“标准件”。这怎能不让人叹息呢？

因此，在孩子童年时期，尽量不要让他过早地接触所谓的“正确知识”“标准答案”，而是先让想象力和思考力在他大脑中“安营扎寨”。

● 鼓励孩子从多角度思考问题

在生活中，可以有意识地鼓励孩子拓宽思维，让他从多角度思考问题，不必搞“标准答案”。比如，可以和孩子做游戏，用笔画一个圆，问他“这是什么”，其答案有几十种，甚至上百种，我们和孩子各自说一个答案，以此发散孩子的思维，培养他的想象力；或者看到某一样陌生的东西，可以和孩子一起猜猜这件东西是什么，有哪些用途；在孩子做数学题时，会遇到“一题多解”的情况，也要鼓励他尝试通过多种途径解决问题……

● **不斥责孩子的“胡说八道”**

一个女孩和妈妈一起散步，指着路边上被抛弃的长满绿毛的胡萝卜说：“妈妈，您看，胡萝卜戴绿帽子了。”

听了女儿的话，妈妈大概觉得“戴绿帽子”不是什么好词，赶紧望了望周围的人，然后凶巴巴地对女儿说：“什么绿帽子，下次不许这么说了啊！”

女儿觉得很诧异，妈妈怎么突然变脸了，但也没有再说什么。

把长了绿毛的胡萝卜比作戴了绿色的帽子，是多么有创意的想法。

实际上，在孩子的内心中并没有好坏之分，他只是把好奇的东西与熟知的事物联系在了一起而已。但我们却总是带着成人的评价和感情色彩看待孩子的比喻，就无意中剥夺了他充分表达思想的机会。因此，在面对孩子有创意的说法时，千万不要斥责或嘲笑他，以免折伤了他想象的翅膀。

每个孩子都喜欢探索周围的一切，在这个过程中，他爱幻想，也会产生一些奇思妙想。这时候，我们一定不要浇灭孩子的热情，而是要及时给予他正面、积极的赏识，为他的奇思妙想提供有营养的“土壤和肥料”。

第二章

教育方法关键词

现今社会上流行许多种教育方法，赏识、挫折、情商、财商等层出不穷。但是有的父母对这些教育方法却只认识了“皮毛”或者只看到了一面，就盲目使用，反倒让原本很好的教育方法没发挥出应有的作用。

赏识教育——不是简单的表扬加鼓励，而是发自内心的先“识”后“赏”

赏识教育，并不是简单的表扬加鼓励，而是对孩子的思想行为进行发自内心的先“识”后“赏”，从而强化孩子好的思想、正确的行为，在增强孩子心理体验的同时，指明孩子的努力方向，进而激发孩子正确思考、做事、学习的兴趣与动机。赏识教育，可以说是一种尊重孩子生命成长规律的教育，是人性化的、人文化的素质教育理念，值得父母学习与实践。

现如今，很多父母对赏识教育十分认同，可是在进行教育的过程中，有一部分父母就会发现，赏识教育在自己孩子身上并没有发挥它应有的作用，而且有的孩子似乎对赏识也并不领情。

生活中类似这样的镜头也许很多人都见过：

镜头一：

7 岁的儿子很调皮，总是不好好学习。妈妈忍住了吼叫、训斥与打骂，改为运用赏识教育，希望能通过不断地夸奖、表扬儿子，让他更有自信，进而向着妈妈期望的方向改变与进步。哪知道儿子将她的夸奖与表扬当成了对自己调皮的肯定，变得越发调皮了。

镜头二：

看到女儿又捧着一幅在学校完成的画作回到了家，妈妈的夸奖脱口而出：“你真棒！”女儿却叹了口气说：“妈妈，从我上幼儿园时您就说这句，现在我都上 4 年级了，您的夸奖怎么还没变，一点儿新鲜感都没有。您倒是也说说看，我到底哪儿棒了？”

其实，这两位妈妈的赏识之所以没有起到作用，就是因为她们用不得法。而究其根本原因，还是在于她们并没有真正弄清楚赏识教育到底是什么，只是简单地表扬和鼓励吗？当然不是，赏识教育还有更为深刻的内涵。

赏识教育是一种尊重生命规律的教育，这种教育方法其实我们每个人都使用过。真的吗？在什么时候使用的呢？在教孩子学说话、学走路时。

孩子蹒跚学步的时候，我们几乎从来没有因为他迈步不稳而训斥过他，也从来没有因为他跌了一跤就发怒。相反，我们总是微笑着站在不远处，嘴里不停地说着："慢慢来宝贝儿，咱们不着急，站起来，来，妈妈接着你呢！"

而在孩子学说话的时候，我们更是表现出了极大的耐心，一遍一遍不厌其烦地对孩子说着"爸爸""妈妈""宝贝"这样的简单词，他模模糊糊地发声回应，含含混混地说出我们听不太懂的话语，但我们却从来没有因为他说不出来而着急。相反，如果他无意间发出了"bà""mā"这样的音节时，我们还会欣喜万分，并更加坚定教他学说话的信心。

在教孩子学说话、学走路的过程中，我们一直都对他充满爱，允许他失败，这其实就是一种赏识。正是因为我们对孩子有这样的赏识，他才更有信心去迈步、去开口。所以我们最初的这种赏识教育，成功率几乎是百分之百。

然而，当孩子慢慢长大之后，我们却逐渐忘却并放弃了这样的教育，因为孩子开始有了自己的思想，开始调皮，开始不听话，于是我们便用打骂训斥取代了原本的赏识。可是吼叫、训斥与打骂并不是好的教育方法，孩子要么因此变得唯唯诺诺，什么都不敢做，只能依赖于我们；要么就变得叛逆起来，我们越训斥他，他闹腾得越厉害。

于是，我们便不得不又去寻找解决的方法，接着又找到赏识教育。我们依旧如对小孩子一样不停地鼓励与夸奖，希望他在赏识教育之下还能再回到从前，可是问题依然存在，我们狠狠地碰了壁。

那么，是赏识教育错了吗？当然不是，而是我们自己出了问题。因为我们忽略了孩子的成长，没有顾及到他的思想变化，简单的表扬加鼓励，并不能让已经有自己思想的孩子产生什么感动之情，他反而觉得我们的表扬是虚假的，我们的鼓励也是无力的。

所以，我们应该重新认识一下赏识教育，用更全面、客观的眼光去看待它，这样才能正确运用它，才能让它发挥重要的教育作用。

● 要能看到孩子良好的表现

听到赏识教育，一位爸爸说："赏识？我都没发现我孩子身上有什么值得赏识的地方，他总是不停地犯错，也太调皮，一点儿也不让人省心。每天训他他都不听，这要是再这么一赏识，那还不上了天？"

这也许是一位严厉的父亲，在他眼中，孩子似乎总是毛病连连，所以他觉得孩子毫无可赏识的地方。但孩子总会有好的表现，如果父母一直都死盯着他做得不好的地方不放，当然也就不会觉得他有什么好赏识的。

所以，我们的内心也应该"阳光一点"，多看看孩子做得好的地方，找找他的优点。谁都愿意听表扬，孩子自然对此更是充满渴望。我们的赏识会让他感觉到身心愉悦，他也就愿意去做得更好。而且，这样的赏识会让原本以为自己并不那么好的孩子，发现原来他还是能做好的，那么他就会在"好"的带领下，逐渐将"不好"也变成"好"。

● 不管怎样的赏识都要有理有据

赏识，简而言之，就是认识到一件事物的价值后而去赞赏。从这个角度来看，对孩子的赏识教育需要我们先"识"而后"赏"，可是很多父母却直接省略了"识"的过程，只剩下单纯的"赏"了。

但孩子也是有思想的，他更期待我们发现他的优点所在，他也希望我们能表扬得更具体一些。否则，我们的赏识可能就会让孩子误以为"爸爸妈妈是不是在敷衍我"，这样的心理会让孩子觉得他的努力是不值得的。

所以，不管怎样的夸奖，我们要夸得有理有据，要说出来孩子到底哪里做得好。比如，面对孩子的画作，可以说："我真的很喜欢这幅画的颜色！你在用色方面真的有很好的表现，这幅画很漂亮，我要挂在墙上，让全家人还有来咱家的客人都欣赏欣赏。"

这样的夸奖，很明白地指出了孩子在用色方面的出色表现，他就会知道自己这样的表现是值得肯定的，那么以后他就会在这方面做得更好。

也就是说，当我们的夸奖有理有据时，孩子不仅能获得愉悦的感受，还能从中确认自己做得好的地方，为了能继续获得夸奖，他就会尽力去完善，以期能做得更好，这会促进他的自我努力，即使我们不再多嘱咐，他也将明确继续努力的方向。

● **要多赏识孩子的行为——努力过程**

赏识到底是要赏识什么呢？生活中我们会听见很多人说过类似“你真聪明”“你是个好孩子”这样的话，我们以为这样就是在赏识孩子了，事实上这赏识的只是一些很虚的东西，这样的赏识方向就是错误的。

真正的赏识是要赏识孩子的行为，对他的努力、勤奋进行肯定，这才能让他获得前进的动力。如，孩子很努力地做着几道比较难的数学题，如果他最终解出了答案，那我们就要祝贺他，了解他战胜困难的过程，并对他的坚持不懈表示肯定；当然，就算他没有解出答案，这也不代表他是失败者，我们反而还要肯定他这种不畏艰难、敢于挑战自我的精神。但与此同时，也可以鼓励他去找找其他的解题方法，或换一种解题思路。

我们尤其要注意这种没有结果的情况，面对孩子的失败我们不要有过分的指责，要看看他是不是真的经过了努力，如果他努力了，我们就要赏识他努力的过程。

● **不对孩子进行过分的赏识**

所谓过分的赏识，就是我们将孩子的表现不断放大或者是无中生有地赏识。

女儿参加了学校的舞蹈训练，老师夸她有舞蹈天分，妈妈为此感到很开心。于是只要家里来了客人，她就会让女儿来给大家跳一段，如果客人夸奖了，她就会说：“老师说我女儿是跳得最好的！”但事实上，老师从来没有说过这样的话。

接收了妈妈夸大夸奖的女儿，开始变得飘飘然，不仅不好好参加舞蹈训练，而且还很瞧不起其他练舞蹈的同学，同学们都纷纷疏远了她。

一直成长在夸奖声中的孩子，势必会被一片赞扬蒙住双眼，他很容易就会产生骄傲情绪，也会变得盲目自大，将谁都不放在眼里。可是孩子之所以会变成这样，全都是由我们的过分赏识所造成的。

虽然我们希望借由赏识来给孩子以自信，但这就像是吃糖，吃一块的时候觉得很甜，但如果吃了 10 块进去，可能就会甜得发苦，不仅味觉感受不舒服，还可能会对身体健康造成伤害。所以，要给予孩子适度的赏识，不论对待什么事，我们的评价都要中肯，既不夸大优点，也不隐藏缺点，夸奖要夸得实事求是，这样孩子也会对自己有一个正确的认识。

● **不在不恰当的时候运用赏识教育**

赏识教育的运用也要选对时机，当遇到不适合使用赏识教育的场合时，我们也不要非用赏识教育不可。

如在类似于饿了吃饭、渴了喝水这样的很明显的事实面前，就没必要赏识；还比如，如果孩子犯了错误，尤其是涉及道德行为的错误，我们就要及时给他指出来，该说的一定要说，不要觉得这是他调皮的表现，可以不用在意，否则他就会根据我们的态度，判断自己怎样做是可行的，他可能就会开始和我们讲条件等等。

不恰当时候的赏识，只会让孩子混淆是非，所以如果时机不对，即便赏识教育再好，我们也要谨慎甚至放弃使用。

挫折教育——只是流于形式地让孩子“吃苦”，并不能让他领悟挫折

挫折，是指事情不如预期时的情境与感受。挫折是普遍存在的一种现象，任何人的一生都不可能一帆风顺，也就是说，任何人都会遇到各种各样的挫折。挫折对不断前行的勇者来说是一笔巨大的财富。对孩子来说，挫折是他成长的必修课。由此，也就诞生了挫折教育。

挫折教育的流行，是有一定的社会原因的，因为现在大部分的孩子都是家里的独苗苗，从小就泡在蜜罐里，全家上下集体努力奋斗，就为了给

他创造美好舒适的生活环境。结果这导致很多孩子太过享受，无论是生活还是学习中，只要遇到一丁点挫折，他就会表现得极其无助，完全不知道该怎么应对。

但没有人一生是一帆风顺的，人生路上总会遇到各种沟沟坎坎。显然不会应对挫折的孩子必定走不远，所以我们才会对挫折教育重视起来，希望孩子能通过“吃苦”来体会到挫折的滋味，并学会应对挫折。

父母的出发点是好的，可是对挫折教育的认识却出现了偏差。有相当一部分父母将挫折教育只当成了简单的“吃苦教育”“失败教育”或者让孩子有“痛苦经历”。于是，有的父母只是在生活上让他体验“清贫”，让他参加所谓的“吃苦夏令营”；只是在精神上进行“失败刺激”，时而给他创造失败的机会，时而又经常性地不满足他的要求。父母以为，经历过这些，孩子就能明白挫折是什么了，但事实却并非如此。很多孩子由于经历了类似这些不恰当的挫折教育，反而越发不知道该如何应对挫折了。

一位爸爸为了培养儿子应对挫折的能力，接连两个暑假都给他报了吃苦夏令营，一个星期吃不好睡不好还要进行训练的生活，让儿子叫苦不迭。可爸爸却决定将这个活动坚持下去，他觉得儿子就是因为平时没机会吃苦，所以才觉得这样的生活苦，多经历几次就好了。

不仅如此，爸爸还总是给儿子准备许多任务，比如，让他去做非常难的数学题，让他独自准备一顿饭，让他必须在几天内学会游泳，等等。这些任务对于才 9 岁的儿子来说，难度可想而知，他一做不出来爸爸就会在一旁苦口婆心地说：“这就是挫折，你看遭遇挫折你不能沮丧，要相信自己，一定能行。”儿子却在心里埋怨道：“什么挫折，就是没事找事，我为什么一定要做这些事？”

因为爸爸的“挫折教育”，儿子现在很讨厌过暑假，每次去吃苦夏令营他都觉得是在完成任务，只希望早点结束快回家享受。同时，他也很讨厌做爸爸给的任务，他觉得爸爸根本就是在刁难他。至于应对挫折，他依然不知道具体该怎么做，因为爸爸也从来都没真正好好给他讲过。

这位爸爸就是典型的只注重了挫折教育的外在形式，而忽略了这一教育方法本质的例子。诚然，吃吃苦，经历一下失败，体会一下要求不能被满足……的确都可以被称之为“挫折”，可我们不能只止步于让孩子“吃苦”。为什么会遭遇挫折？有没有可以避免的方法？真的遇到了又该怎样应对？以后又该如何预防？这些才是挫折教育的重中之重。否则，他只体会到了苦，却不知道怎么应对苦，他就会更加觉得委屈，也更不愿意再接受这样的挫折教育，这种教育也就等于失败了，没有什么积极正面的意义。

所以，关于挫折教育，在对其保持足够热情的前提下，我们还要抓住挫折教育的“根儿”，要从正确的方向出发让孩子感受挫折，并教他应对挫折，使他能真的从挫折教育中受益。

● 不要主观地认定孩子经不起挫折

我们之所以要对孩子进行挫折教育，是因为我们怕他经不起挫折，可是他变成这种对挫折毫无办法的情况，也全都是由我们之前的过度保护所造成的，这就是一个连锁效应。

因为我们主观认定他就是无法面对挫折，所以我们会出手相助，会帮他渡过难关。如此一来，他就有了想法，认为不管遇到什么难事都会有父母、有家人帮忙，所以他才变得倦怠，不再自己去动脑动手应对。

所以，从一开始我们就不要太过主观地认定孩子经不起挫折，不要替他挡下挫折，也别帮他应对，更不要提前替他扫清一切障碍，而是要采用“观望”的态度，在最开始允许他“挑战”，给他接触挫折的机会，使他尽早认识挫折。越早让孩子体会到挫败感，他就会对这种感觉越熟悉，他的内心也会在一次次挫折的磨炼中越来越坚强。

● 将如何应对挫折的方法教给孩子

只是让孩子认识挫折、接触挫折并不是挫折教育的关键所在，重要的是我们要教他学会应对，让他由此学会自己去解决遇到的问题。

首先，要教孩子正视挫折。遇到挫折时人的内心都会产生一种由失望、紧张、焦躁、难过等混杂在一起的情绪，告诉孩子这是正常的，所以他没必要因此而感到惊慌。不过，不要让这种感觉持续太长，他应该快速地让自己的头脑冷静下来，这样才可能继续进行思考。

其次，要引导孩子学会思考。当孩子能冷静下来后，他就需要针对挫折的情况来思考对策。可以帮他列出几个思考题：这个挫折是什么？之前的准备工作是怎样的？在做这件事的过程中有什么问题？现在还有办法补救吗？如果没有那以后又该怎么办？如何预防下次再犯类似错误？这样的思考思路清晰而且详尽，要提醒孩子记住这个思考模式，并认真思考每一个问题。这就是对挫折的一次详尽分析，将有助于帮他找到解决问题的方法。

最后，要教孩子通过努力改变挫折造成的现状。经过前面思考之后，哪里出了问题孩子就会一目了然，这时他就要付诸行动去改正缺点、弥补漏洞，如果是他自己操作不熟练，他就要重新练习；如果是他知识有漏洞，就要重新学习；如果是他犯了错误，就要及时纠正。

综上，这些应对思路与策略才是孩子在挫折教育中学到的关键所在。

● 让孩子在生活中去自然体会挫折

为了能让孩子感受挫折，很多父母可能会故意给他设置一些障碍，就好比原本能顺利走过去的一条路，却偏偏要在其中故意放一块大石头，导致行路人不得不绕远或翻过去。其实我们没必要刻意给他创造挫折，在他成长的过程中，各种各样的挫折都会接踵而至，我们只要能允许孩子自然生长，他就会自然遇到这些挫折。

比如，不会系鞋带，害怕自己独处一室，晚上不敢自己去厕所，做作业遇到难题，可能会和伙伴们发生矛盾，考试没考出好成绩，因为没完成任务而被老师批评，比赛输了……这些都是孩子可能遇到的挫折，这就是我们对他开展挫折教育的最好时机。

另外，近些年社会上兴起一种“吃苦夏令营”，就是让孩子们通过跋涉、军训、体验穷苦生活等各种活动，来让他们认识社会，并培养他们吃苦耐劳的优秀品德。可是，这种吃苦夏令营也存在弊端。

一位妈妈就说：“趁着暑假，我把儿子送进了吃苦夏令营，一共 4 天

3夜的时间。儿子不过就是学了学站军姿，在烈日下参加了一次除草活动，还去参观了一下农村，吃了顿‘忆苦饭’，然后就回来了。刚回来两三天时，儿子表现也算自觉，自己起床，吃饭也知道节省了。可是三天热乎劲儿一过，家里好吃好喝好招待，他又恢复了原样。”

这就是吃苦夏令营的弊端所在，因为时间短，所以各种活动安排可能会非常紧，也许孩子还什么都没弄明白呢，夏令营就已经结束了；而且短短几天的吃苦，可能只会给他留下很短的记忆，印象并不会太深刻，而家里优越的生活条件就会又一次将他的本性再“召唤”出来；更重要的是，原本耐挫折的能力应该是在没有充分准备的情况下体现出来的，可孩子一去参加这种夏令营，他的心理和生理就已经不自觉地都做好了准备，哪怕再艰苦，他即便是为了赌一口气，也会坚持下来，而这样的考验就是无意义的，因为生活中的很多挫折，往往都是突如其来。

所以，父母不能为了让孩子接受挫折教育，就非要让他去参加这种夏令营，让他去体会无端制造出来的挫折。而是要将挫折教育搬回到生活中去，要从他小时候开始就培养他的耐挫力。而在这个过程中，父母也要学会忍耐，要硬起心肠来，让孩子在生活中去磨炼。

● 把握好挫折教育的度

虽然挫折教育有助于培养孩子耐受挫折的能力，使他变得坚强起来，可是这也并不代表他经历的挫折越多越好。那种“只有不断的挫折才能让孩子经受得起挫折”的想法，是一个严重的认识误区。

事实上，挫折是指人们在从事有目的的活动过程中，遇到无法克服或自以为无法克服的障碍或干扰，使其需要或动机无法得到满足，从而产生的一种消极的情绪状态。也就是说，挫折会让孩子产生消极情绪，但假如我们一直都让他产生这样的情绪，这对他的精神状态也会有负面影响。过多的挫折可能就会让他对一切都失去信心，尤其是对自己的能力产生怀疑，他会觉得自己什么都做不好，可能从此就变得十分自卑与软弱。

所以，进行挫折教育要把握好度，既能让他体验成功，也能让他感受挫折，还要使他不以成功而太过喜悦，也不以挫折而太过悲伤。

情商教育——缺少情商教育的家庭教育是不完整的，孩子是会出问题的

在教育上说到“×商”，很多父母最先想到的一定会是智商。在他们看来，一个孩子只有智商高，才能学得好，才更有奋斗资本，才有可能出人头地。除此之外的其他“×商”的教育他们就不再关心，更不会重视。

有一个广为人们所接受的观念：一个人的成功遵守 20/80 原则，即 20% 取决于智商，80% 由其他因素决定，其中最重要的就是情商。

很遗憾，情商教育在有的父母眼中就是一种无关紧要的情感培养，根本用不着费心思去抓，等孩子长大后自然就有情商了。真是这样吗？当然不是。

可以问一下自己：在对孩子的智商教育投入了大量精力后，有没有发现其结果似乎并不是你所期待的呢？比如，你希望孩子能多学些知识，可你不断地督促他去学习时，他却会抱怨连连，对学习有颇为强烈的抵触情绪。还有些孩子因此又变得性格暴躁或孤僻，他总是将怨气发泄到其他孩子身上，导致他和伙伴们的关系也变得很紧张。

对这样的情况，有的父母可能会将其归因于孩子的不懂事，认为他并不能体谅父母的苦心，但这却恰恰就是他情商低下的表现。由于父母只注重智商，而忽略了情商，所以孩子在情感表达和释放方面就会出问题，而这些问题又将直接影响他在其他方面的发展。

显然，生活并不只是靠读书考试就能继续下去的，那只不过只占生活的一小部分罢了，只有孩子具备了足够的情商，他才能将他的知识更好地运用出来，他也才能成为能立足于社会且全面发展的人才。

其实，现在的孩子在理论知识与技能特长等方面都有很好的受教育空间，但在情绪、情感、人际关系、挫折、意志、行为、态度等方面，却并

没有得到良好的培养，因此他在这些方面也就存在很多问题。而这些又恰恰都是情商教育的范畴，从这可以看出来，在孩子的成长过程中，情商教育并不是可有可无的，也要引起重视。

早在 1995 时，美国哈佛大学心理学教授丹尼尔·格尔曼就在他出版的《情绪智力》这本书中第一次提出了“情商”的概念，其主要是指人在情绪、情感、意志、耐受挫折等方面的品质，主要包括 5 个方面的内容：自我意识、情绪控制、承受挫折、自我激励和人际沟通。

有的父母可能觉得，智商培养有路可循，但情商这种看不见摸不着的东西又该如何培养呢？其实，情商教育也并不难，关键是要找好入手点。

● 从幼儿期就开始培养孩子的情商

到底该从什么时候开始对孩子进行情商教育，这可能是我们拿捏不准的问题，不过有一大部分父母会觉得，不能太早，最早也得到他上小学的时候，否则孩子连自己的意思都表达不清，情感情绪什么的，他就更不会控制了，与人相处更是没办法做到。

其实我们太低估孩子了，3 岁时，他的大脑重量就已经达到了成人脑重的 80%，因此在这一阶段，他在各个方面的发展都是最快的。所以对孩子的情商教育，应该开始于他的幼儿期，也就是从 1 岁到 3 岁这一阶段。

最开始，我们要毫不吝啬自己的爱，要用最直接的表达方式，诸如拥抱、亲吻、抚摸等动作，向孩子传递我们的爱意。这将让他对爱有最直接的感受，这也有助于他的情感发育。

同时，也要理解此时孩子多变的情绪，并注意帮他学会调整，同时，也教他学会表达自己的喜怒哀乐，不要只顺着他的性子来，而是要告诉他怎样表达才能为人所接受。还要认真观察并满足孩子的情感需要，不要让他出现情感缺失。

当然，有的孩子可能已经不再是幼儿了，虽然已经过了这个情感发育的敏感期，但只要我们保持耐心，依然能积极地对他开展情商教育，他的情商也一样能有所改变。也就是说，平时我们要为孩子创造一个高情商的家庭生活氛围，我们自己的表现就要具备高情商的特点，要给孩子做个好榜样。

● **要对孩子开展全面的情商教育**

无法全面认识到情商教育到底都该教什么，这是很多父母在情商教育上一个误区，所以才会认为情商教育就是在教孩子表达情感、控制情绪。

一对父母对自己孩子的情商教育仅限于教他好好控制自己的情绪，并提醒他，不管遇到什么，都不要将情绪表现得很明显。孩子很听话，无论是高兴还是难过又或者是愤怒，他都尽量忍下来。

但久而久之，父母发现孩子变得很安静，而且安静得过了头，不管有什么事他都表现得很冷漠，他只生活在自己的世界里，似乎对什么都不关心。而且他几乎没有朋友，就算在家与父母也不亲近。

父母这时开始着急，情商教育难道就让孩子变成这样吗？

事实上，这对父母在对孩子进行情商教育时没有做到“全面发展”。如前所说，情商教育包括5个部分，每个部分都需要我们的精心培养。

自我意识，让孩子能认识自我，让他逐渐了解自己的内心，认识到自己在面对不同事情时所表达出来的情绪都各是怎样的。

情绪控制，在自我认识的前提下，教孩子学会调整情绪，让他能合理地将情绪表达出来，这不仅是在帮他释放，也是在让他人了解他的情绪。

承受挫折，挫折面前如何更好地处理情感，这就是挫折教育与情商教育的结合型教育，也可以将其融入到对孩子的挫折教育中，提醒他在遇到挫折时要注意控制好情绪，并学会尽快调整情绪，勇敢地应对挫折。

自我激励，要让孩子认识到自己有哪些长处，鼓励他不要畏惧困难，要有继续学习的上进心，使他能积极乐观地应对生活与学习。

人际沟通，也被称为人际交往，就是鼓励孩子将自己的语言、文字或肢体动作、表情等表达情感的信息融进人际关系中，要能通过自己的良好表现来建立人际关系，使他能敏感地抓住他人的需求，并与周围人和谐相处。

这5部分并不是分开的，而是互相关联的，所以我们需要好好了解情商教育的各个方面，并尽量将这些方面结合起来去教育孩子。

● **将孩子的智商情商一起培养**

关于情商的教育误区还有一点，那就是当我们发现情商教育的重要性之后，就会将教育的重心又偏移到了情商之上，反而对智商的培养又忽略了。这其实也是错误的。孩子成长并不只靠一个方面，他需要综合全面地发展，所以对他智商与情商的培养应该“双管齐下”。

一方面我们要教孩子学会学习，引导他勤于动脑，运用多种学习方法汲取各方面的知识，丰富自己的头脑；另一方面，我们则要让他想想学习的意义，引导他思考怎样更好地发挥他的各项能力才能使他学更多的知识、交更多的志同道合的朋友，并提醒他思考自己的知识要怎样使用才算是有意义的、正确的。

有了高情商，孩子的智商发展会有正确的方向；而在高智商的帮助下，他情商的表达也会更加科学合理。所以，我们要将孩子的智商、情商共同培养，促进他有更大的进步。

财商教育——让孩子从小就正确认识财富，懂得保有财富的真谛

今天，一些家庭对孩子的财商教育还是一片空白。因为这些父母都极少让很小的孩子接触钱财，多半会认为：“他要什么我给他买，他也不需要自己消费。”而还有一部分父母则会觉得，孩子花钱能花多少呢？无非就是买个玩具要个衣服，再说挣了钱不就是为了让他生活得更好吗？不给他花给谁花？

种种错误思想的引领下，很多父母就会产生“孩子不需要财商教育”，或者“没必要在他太小时就进行财商教育”等各种错误的认知。

当然，也并不是所有的父母都会忽略财商教育，还是有一部分父母已经有了这个意识。可他们的做法却又出现了偏差。比如，有的父母会教孩子如何斤斤计较，如何将“一分钱掰成好几瓣”去花，将节俭变成了吝啬；

还有的父母又会毫不犹豫地用大把的金钱去让孩子“练手”，美其名曰“熟能生巧”，不怕他失败，但这却养成了孩子花钱毫无节制的毛病等等。

显然，不对孩子进行财商教育是错误的，但如果走入了财商教育误区，也同样会让孩子的成长出现“事故”。金钱不同于其他东西，用得好了可以改善孩子的未来生活，用得不好却会毁灭他的生活。

多年前，曾经有人对北京一所重点小学6年级的44位学生以及他们的父母进行了一次关于“儿童理财教育”的问卷调查。

参与调查的父母大多都属于高收入群体，在收回的父母问卷中，却有19人明确回答没有对孩子进行过理财教育；12人曾经告诉过孩子什么是储蓄生息；10人会让孩子知道父母挣钱不容易，他应该要节约；两人会教孩子如何打工挣钱；两人为孩子创立了收支簿；只有一人很认真地列出了理财的计划，比如两岁开始接触钱币，10岁起存钱，另外还列出了家庭的创收能力、如何花钱、慈善献爱心教育、带孩子去父母工作场合了解收入来源等等一系列事项。

而孩子们的答卷，更是引人深思。拿到问卷后，还没开始答卷，就已经有好几个孩子问老师：“什么是理财？是不是让我们花钱？是不是教我们炒股？”在老师的解释之下，他们才第一次认识“理财”这两个字。

问卷第一题：你知道父母每月的经济收入吗？了解家庭每月开支情况吗？有16个孩子知道父母的收入情况，却只有两个孩子能说清楚家庭的支出情况。而有一个12岁的孩子在家庭每月开支的地方写的却是自己零花钱每月1000元，他根本就不知道“家庭每月开支”是什么。

另一道题问道：你有没有靠自己的劳动挣钱的经历？大多数的孩子都列出了自己在家里擦桌子、洗碗挣得的“工资”。

而问卷中还有关于“学校对孩子进行了哪些理财教育”的问题，可是很多学校的很多老师却说，补习数学、语文、英语都还没时间，哪里有时间去教理财？

虽然这是前些年的新闻，可这个现象似乎直到今天却依然存在，而且还变得越发严重起来。无论是学校还是父母，都将理财看成是一个无所谓的教育，或者将理财当成是简单的花花钱、存存钱。我们在理财教育上的“不作为”，最终换来的只能是“财不理孩子”。

所以，我们不能只将自己挣来的钱交给孩子就算了，还要教他学会正确使用，教他理智地对待金钱，让他真正学会保富。

● 教孩子认识金钱，认识理财

财商教育的基础，是孩子首先要认识金钱，要知道什么是理财，关于这方面的教育，我们最好也要尽早开始。

曾有财商教育专家为孩子的金钱教育列出了一个时间表：3 岁认识硬币和纸币，4 岁知道钱币的面值，5 岁知道钱币的等价物，6 岁可以简单地找零，7 岁会看价签，8 岁可以打零工挣钱，9 岁会制订一周的开支计划，10 岁知道每周节约一点钱以支配大宗开支。

我们不妨也借用这个时间表，让孩子对金钱能有一个逐步认识的过程，使他逐渐也对这个平时能带给他玩具、零食、衣服的“东西”慢慢熟悉起来。当然，关于其中的“8 岁打零工挣钱”，这个我们可以斟酌，只要让他知道金钱是通过劳动换来的就可以了，一定要避免那种用在家做家务来让他挣钱的方式去体验，因为家务劳动是每个家庭成员应尽的义务，不能用金钱来交换。也就是说，不能给做家务的孩子“发工资”。

与此同时，我们也要给孩子讲讲什么是理财，并告诉他为什么要理财。平时，可以让他看看我们都是怎样打理手中的钱财的，或者我们也可以列出每个月的家庭消费计划，并将涉及孩子自身消费的计划拿出来给他看，让他明白理财所起到的作用。

● 培养孩子的理财技能

只认识钱，知道什么是理财还远远不够，我们需要让理财成为孩子能够熟练操作的一种技能。所以，如果认识钱，了解理财是理论知识，那么技能操作就是实际动手能力。

我们首先要培养孩子具备理财观念，就是让他对钱有一定的重视，不再将其只看成是供他消遣娱乐的纸张，而是要让他能想到该如何更合理地去使用这些钱财，能想到怎样让钱财发挥它最大的作用。要培养他的这个观念，最简单直接的方法就是我们给他做示范，当我们不将钱看得那么无所谓时，他也会重视起对金钱的使用。

为了让孩子能更好地使用钱财，我们还要将制订支出计划与记录收支的方法也教给他，可以让他多看几次我们都是怎样制订计划的，还要给他讲讲为什么要这样计划，也可以回答他关于计划的各种问题。在一段时间结束时，我们也要整理出这段时间的收支情况，告诉孩子，这是为了确定哪些消费是合理的，哪些消费是完全没有必要的，这可以帮助我们更好地安排下一阶段的理财计划。

除此之外，储蓄也是孩子理财技能中不可少的一部分，我们可以从用存钱罐存零钱开始教他存钱。当然，存钱罐是在他小时候用的，等到他长大一些，就要带他一起去银行存钱取钱，让他看看比较正式的储蓄是一个怎样的流程。现在的孩子手中都会有很多零花钱，此时我们也可以专门给他开一个账户，让他将一时用不到的钱都存起来，并提醒他以后有了多余的钱都可以存进去。

另外，为了能让孩子更好地掌握理财的技能，我们也可以允许他参与到家庭理财计划中来，针对每一项消费计划，都允许他发表自己的意见，如果他说得有道理，我们也要真的采纳，这也会增加他对理财的兴趣。

● **充实孩子的金融知识**

其实，财商教育并不只是在孩子小时候发挥作用，也不仅仅是让他认识钱、认识理财、知道怎么存钱这么简单。理财的内容还有很多，随着孩子年龄的增长，他可能就会用到更多的金融知识。所以，当他有一定的理解与思考能力之后，我们不妨也扩充一下他的金融知识。

比如，给他讲讲什么才是真正的“个人理财”，让他看看个人理财在一个人的一生中都发挥了怎样的作用；告诉他理财也能成为一种工作，如果有条件，可以带他认识一下专业理财师；通过一些资料介绍让他了解什么是股票，什么是基金，什么是国债，什么是保险，什么是证券，什么是投资，什么是税收，什么是资产，什么是负债等等。

同时，也要给孩子讲讲与财产有关的法律，教他学会用法律保护自己的财产，也让他在以后能知道该如何保护企业的财产和国家的财产。

● **引导孩子“理智对待钱财”**

很多人都对钱财抱有一种不正常的态度，于是有的人会从不正常的途径获得钱财，有的人会表现得十分吝啬，还有的人则又挥金如土。而这些人的表现，就都是不理智的表现。我们对孩子加强财商教育，培养他学习理财，还有最重要的一点，就是要引导他能够“理智地对待钱财”。

首先，要告诉他，“君子爱财，取之有道”，钱财是大多数人的心爱之物，但是要获得金钱就一定要采取正当渠道，要通过合法劳动去获得，不能偷、抢，到了自立年龄就要自己挣钱养活自己，而不是“啃老”。

其次，提醒孩子花钱也要有道。不能大手大脚，买的东西要有意义，不能一时兴起想买什么就买什么；但也不要太过吝啬，该花的钱一定要花。

最后，还应建议孩子将富余的钱捐献出来，去献献爱心，做做慈善，这体现的是他的仁爱精神，是他良好的道德品行。有善心的人才能长久保富。

德商教育——教育一定要以德为本，厚德载物，孩子方可有立世之本

如果说起智商、情商、财商，很多人都知道。但是，提到德商，有多少父母知道呢？又有多少父母能给予德商足够的重视呢？显然答案是未知的。

所谓德商，就是一个人的德性水平或道德人格品质，其具体包括孝心、体贴、尊重、容忍、宽容、诚实、负责、平和、忠心、礼貌、幽默等各种美德。它体现的是一个人进行有效自我管理的能力，即能对自己的思想、情绪、欲望、言语、行为等进行有效管理的能力。

“德商”这个说法诞生于2005年，当时美国学者道格·莱尼克和弗雷

德·基尔出版了一本名为《德商：提高业绩，加强领导》的书，他们在书中第一次阐述了这样一个定义，认为德商是“一种精神、智力上的能力，它决定我们如何将人类普遍适用的一些原则（正直、责任感、同情心和宽恕）运用到我们个人的价值观、目标和行动中去”。

简单来说，德商反映的就是一个人的道德品质。

看到这儿，有的父母也许就会松一口气，并表现出无所谓的样子：“原来就是这个啊，现在孩子哪个不注意学习？先学习好才行，别的不用着急。”这就够了吗？有这样一个真实事例：

一位奶奶带着6岁的孙女坐公交车去幼儿园，路上孙女说：“我脸上抹的油可香了，不信你闻闻别处，别处就没有。”奶奶吸着鼻子作势在四处闻了闻，可孙女随即就笑了起来：“你是猪啊！像猪一样拱鼻子。”周围人侧目，奶奶有些尴尬，于是便立刻转移了话题，接着提起了孙女学习的事情，不停地提醒她要注意上课听讲，要好好学习英语。

当你轻视德商时，孩子就会用德商低的表现来让你难堪；当你只注意他的学习却忽略了他的道德时，他的未来是令人担忧的。一旦孩子因此变得“无才无德”或者“有才无德”，无论哪一种表现，都会给社会带来负面影响。尤其是“有才无德”的孩子，很可能会给社会带来更大灾难，这样的人对社会危害是最大的。有句话说，“有德有才是上品，有德无才是次品，无德无才是废品，无德有才是毒品”，是非常有道理的。

德是做人的根本，有了德，孩子才能成长为堂堂正正、顶天立地的人；有了德，孩子所进行的一切学习才是有意义的。所以，德商教育不是速成教育，也不能是速成教育，需要我们花费心血，需要我们尽心尽力，才可能看见成效。

● **用温暖的家庭创造德商教育的绝佳环境**

孩子最初的德商教育来源于家庭，这需要我们为他提供一个良好的家庭氛围。所以，要培养孩子的德商，我们自己首先就要拥有较高的德商。我们平时就要不断地培养自己的道德品质，多看看关于“夫妻和睦”与“治家有道”等讲述中华传统美德的书，提升自己的素养；夫妻相处要彼此包容，有事情也要互相沟通；与朋友邻居则要保持平和的相处方式，多帮助他人，多念他人的好；不管对谁都要讲诚信，做事也要有始有终等等。

当我们自身的德行涵养有所提升时，家中的道德氛围自然也会越变越好，孩子生活在其中，就会“记录”并模仿我们的言谈举止。

● 从孝道开始进行德商的培养

“夫孝，德之本也，教之所由生也”，这是《孝经》开篇中孔子说的一句话，意思是孝是一切德行的根本，也是所有教化产生的根源，一切的教育都应该从教孝开始。这也就是在提醒我们，对孩子的德商培养要从孝道开始入手。

要学习孝道，传统道德经典《弟子规》是一本很好的“教程”，开篇的“入则孝”部分，其中只用56句话，168个字，就将一个孩子该如何表现孝道讲述得清清楚楚。这些行为都不难，操作起来非常简单，当孩子不仅会念而且还能做到时，孝道就已经开始在他身上生根发芽。如果想进一步了解《弟子规》里的孝道教育及家庭教育其他方面的智慧，不妨参阅一下《学好〈弟子规〉教出好孩子》（广西师范大学出版社，鲁鹏程著）。这本书是国内第一部“《弟子规》与家庭教育”相结合的教育专著，站在家庭教育的角度全面解读《弟子规》，对1080个字做最深入、最彻底的诠释，把其中蕴含的最核心与根本的家庭教育方法挖掘、提炼出来，深入解读分析，向父母介绍了如何改造自己，成就孩子的良方，从而让教育孩子变得简单、轻松。所以，在此也特别向广大父母隆重推荐这本书。

平时我们自己也要极尽孝道，不仅是在孩子面前要表现出来，即便是背着孩子，孝道也不能少。这样，我们向孩子展现的才是最真实的孝道。当孩子具备了孝道，这时他就会好好地学习，也会更积极乐观地生活。不论他再做什么事，都会更加顺畅。关于孝心的培养，在后面还有更详细的讲述。

● 在日常生活中加强孩子对德商的表达

其实德商的体现并不需要一些特定的环境，往往是一些很普通的场景下，或者是不经意的一件小事中，才最能反映出一个人德商的高低。所以，对孩子进行德商教育，我们完全可以在日常生活中去体现。

比如，我们要教孩子懂礼貌，提醒他与人见面要打招呼，对比他年长的人要有尊敬的称呼，受了他人的帮助要及时表达谢意；还要教他在和小伙伴、和同学相处时学会和睦处理人际关系，提醒他对朋友要用心，要讲诚信，要懂得关心他人，能在朋友遇到难题时及时给予帮助；也要培养他有爱心，坐车记得给老弱病残让座，多带他去参加几次慈善活动，鼓励他多参加一些志愿者活动，教他爱护大自然，爱护所有生命等等。

我们没必要刻意告诉孩子让他做的这些事就是在培养他的德商，要让做这些事成为他的一种自然而然表现出来的好习惯，这样他的德商自然也就得到了提高。

● 运用榜样力量唤醒孩子对高德商的渴望

德商高的人，一定都会建立或大或小的“功绩”，并拥有较为圆满的人生。所以在培养孩子德商的同时，我们也可以用一些榜样力量来激励他，让他能自觉产生想要具备高德商的渴望。

比如，上古时期的虞舜，其孝行感动天地，又因为孝而得天下，成为一代圣王；晚清中兴名臣曾国藩，因德行高尚而家业兴旺，被称为“‘立德’、‘立功’、‘立言’三不朽的至高境界之完人”；今天一些商界巨子，以德经商，捐资助学，大做慈善事业，不仅成就了自己的商界传奇，更是成为人们争相学习崇拜的道德典范……

类似这样的高德商的榜样古今中外屡见不鲜，我们不妨找一些有代表性的例子看一看，同时也讲给孩子听，一方面是要让我们自己发现德商对孩子的重要性，另一方面也是在告诉孩子德商对他人生所起到的作用。

第三章

教育误区关键词

天下父母无不希望孩子能学有所成，花费那么大的力气教育他，无非就是想让他成人、成才。可一些父母却因为心急而盲目开展教育，由于没有认清教育方向而导致自己走入了教育的各种误区，孩子的成长也因此而受到了不良的影响。

期望过高——过高的期望带给孩子的是无望，期望要适可而止

哪位父母不对自己的孩子有期望呢？为人父母者都有期望，而且还都有一个比较高的期望值。所谓期望值，就是指一个人对某个目标能够实现的一种概率估计。这种估计的依据来源是过去的经验，人们以此来判定一定行为可以导致某种结果或满足某种需要的概率。

既然是一种估计，就可能估计错误，从而最终得出与所期望的完全不相符的结果。一种结果是期望值过低，这可能会让我们有意料之外的收获；而另一种结果则是期望值过高，这将会给我们带来或许很沉重的内心打击。

也许前一种结果我们可以接受，毕竟超出预期的好结果总会给人带来愉悦的心情，但后一种结果似乎没人愿意接受。尤其是一些父母往往对孩子的学习、能力表现都有一种超乎寻常的期望值，一旦孩子的表现低于这个期望值，他们所表现出来的失望甚至是愤怒就会让孩子不堪重负。

10 月的一天，一个名叫蒙蒙的女孩被父母带进了南京市某青少年心理训练中心，母亲希望那里的老师能够帮自己解决女儿的问题。

从小学到初中，蒙蒙的成绩一直都在班里排第一，去年她更是以年级第一的成绩考入了一所省重点中学的实验班，而且还拿到了奖学金。

蒙蒙高中入学后第一次考试排名第六，但父母并不满意，他们已习惯了蒙蒙次次都考第一，也希望她带着这个“第一”的光环一直走下去。

父亲因此责备蒙蒙骄傲，说她学习不认真，母亲也表现出失望的眼神。为了不辜负父母的期望，蒙蒙拼命看书，终于在第二次考试时前进了一名。可是父母却依旧认为她没用功，于是他们便阻止她接触一切与学习无关的东西，吃完饭就得去看书，别的什么都不能做。

就在这样的压力之下，蒙蒙的学习却一步步下降，等到高一期末时，

她的成绩排到了班里 30 名以后，父母更是批评她只是拿书做样子，班主任也开始在班里批评她了。

结果，就在国庆节前的一次考试中，蒙蒙的脑海中不自觉地浮现出父母的责骂和老师失望的眼神，并进而产生了恐惧心理，手抖得厉害，脑根本没法答题，卷子上出现了大片大片的空白，最终考试成绩倒数第一。

听着父母的责骂，蒙蒙认为自己再也不可能学习了，于是便坚持退学。

这是孩子的问题吗？显然不是。在一所省级重点中学的实验班，能考到五六名，这是一个多么优秀的孩子。可父母却只注重那个“第一”，与其说是他们希望孩子能带着光环走入大学，倒不如说是他们希望自己头上能一直顶着“孩子是第一”的光环继续在人前炫耀。

更何况，如果孩子不能考到第一，那就说明他的实力目前还没有到那个程度，我们过高的期望值只能让孩子盲目地去拼命，他不产生压力才怪呢！看着一个原本在学习上很有前途的孩子，被父母的高期望值生生压成了“学习恐惧症”，这难道不令我们感到惋惜吗？

著名教育专家孙云晓曾经说：“童年恐慌，就是儿童由于面临巨大的压力，不能理解、不能承受，而产生的一种焦虑。而这种恐慌正在越来越厉害地在未成年的孩子中弥漫着。”显然，事例中的蒙蒙陷入了一种恐慌，而现实生活中还有更多的“蒙蒙”也的确在恐慌中继续挣扎，他们甚至选择了比蒙蒙退学更为决绝的应对方式。

山东省济南市曾有一个 8 岁的男孩因为不堪忍受学习压力割腕自杀。原来，妈妈希望他能在“月考”时从全班第五名考进“前三”。巨大的压力下，男孩发现自己根本看不进去书，进而他也害怕去学校。父母用拳脚逼迫他去上学，最终他不堪煎熬才选择自杀，所幸抢救及时，才没有酿成悲剧。

看到一个又一个孩子用这样令人心痛的方式来反抗，难道我们的内心没有受到触动吗？有的父母可能会说，高期望值不就是希望能激励孩子让他更加努力吗？这也有错？不，有期望值没错，这代表我们对孩子的信任，也代表我们对他的支持。可是，只有合理的期望值，孩子才会看得见希望，他才能真的从中受到鼓舞。不是每一个孩子都能成为爱因斯坦，所以我们也该适当调整一下自己的教育思路了。

● 从孩子自身发展和当前现实出发去期望

一般而言，父母对孩子期望的来源是他以前的表现。就像前面所述蒙蒙的父母一样，因为孩子以前总是考第一，所以她不管到哪里也必须考第一。可是，他们却忽略了现实情况，这所学校聚集的是全省的精英，当前的情况就是“人外有人”。正因为没有将这个情况考虑进去，他们的期待才是盲目的。

所以，我们在设定期望值时要考虑到以下两点：

其一，孩子的自身情况。我们要考虑到他以前的表现，这可以帮我们给他定一个基本的发展基调。同时，也要考虑到他的能力发展过程，要承认他的成长，但不要自认为他会成长得很快，要根据以往的经验来决定前进目标。要肯定他的梦想，尊重他的意愿，给他一个宽松的成长空间。

其二，要看到当前的现实。我们不仅要看到孩子所处的学校环境、周边环境的变化，同时还要注意当前教育的发展，这样我们的期望才不会变成“无根的希望”，孩子的成长也才会更适应现时代的发展。

● 要考虑到孩子的基本功是否扎实

在给孩子设立期望值之前，先要看看孩子的基本功扎不扎实。如果不扎实，就要督促他先完成基本学业，提升他学习、生活中的各项基本能力，这样他才可能在此基础上有所拓展。

看到很多孩子去上了数学兴趣班，数学成绩都有了提高，一位妈妈也心动了，她也希望自己的儿子能够在数学学习上有所进步。于是，趁着暑假她也给儿子报了一个数学兴趣班。但儿子的学习却并没有取得妈妈预期的效果，多次询问，儿子才说：“兴趣班上经常讲一些奇怪的题目，好多我都不会做，也听不懂，总是得不停地翻课本才知道老师说了什么。”

这位妈妈的期望是好的，但她却忽略了一个问题，那就是孩子学习的基础都没有打好，她的期待无异于空中楼阁。

而我们给孩子设定的那个前进目标，也要在他的基础之上去设立，不要一次性给他设立太高的目标，要允许他一步步来，可以将大目标拆成小目标，这样他也许会前进得更快，我们的期望值也就会转换成他的动力。

● 不要参照别的孩子的标准来期望自己的孩子

有些父母的期望值之所以会很高，就是因为有了“参照”，看到别的孩子表现得很好，看到别的孩子取得了好成绩，看到别的孩子有了很大的进步，于是他们便想将那个“参照”也复制到自己孩子的身上，由此希望自己的孩子也能有优异的表现。

显然，这样的期望值就是在直接告诉孩子他比别人差，他会因此变得自卑起来，同时他还可能会对其他优秀的孩子产生憎恨心理。

有的父母因为孩子达不到期望值就训斥说：“你看看人家 ×××”于是孩子可能会因此感觉父母喜欢别的孩子比喜欢他要更多一些，甚至因此而不喜欢他，这样的心理并不利于他的继续学习。

所以，我们即便是要对孩子有所期待，也要从他的自身出发，可以将他的发展情况进行纵向比较，不要将外人也拉进来给他做参照或榜样。每个孩子都有属于自己的发展方向，别人的路再好走也不是他的，不是吗？

● 多期望孩子成为一个好人

是否应该对孩子抱有高期望值，也是需要分情况的。如果要说让孩子在学习上争第一，我们需要实事求是地综合考虑他各方面的实际情况；但是关于做人，我们完全可以多期望他做一个好人。

这个期望从孩子小时候开始，我们就可以去期待，并根据这个期待来对他进行各种教育。比如，教他读《弟子规》等传统经典，并督促他按照上面说的“活学活用”地去做；在生活中用我们的身教来教他做一个好人；鼓励他在学校里尊敬老师、团结同学、热爱集体，提醒他要有爱心，多做善事等等。

对孩子做一个好人的期望值是没有上限的，我们可以尽情地期待，并真的付诸努力去认真进行前面所提到的德商教育。这样孩子才能实现我们的期望，甚至超出期望。

过度保护——如果父母不尽早放手，孩子永远学不会用双脚行走

父母对孩子的保护是一种本能。谁都不愿意看见自己的孩子受委屈、受伤害，所以我们像母鸡一样张开双翅，将孩子庇佑在我们的羽翼之下。

但前苏联作家高尔基有一名言："爱孩子，这是连母鸡也会做的事情。可是，要善于教育他们，这就是父母的一件大事了，这需要才能和渊博的生活知识。"身为父母，真的就只满足于做连母鸡都会做的事情吗？就算是母鸡，也不仅仅只是张开翅膀保护孩子，它也会教孩子如何自己躲避危险。

可是，生活中却就是有这么一群父母，他们的所作所为让他们看上去就只是张开翅膀的母鸡，只是在对孩子进行过度保护。但这样的过度保护，却对孩子一点好处都没有。

家住重庆市红旗河沟的18岁女孩菲菲，站在冷风中等待表姐小A的到来。原来这一天是家里吃团圆饭的日子，小A的妈妈也就是菲菲的舅妈让菲菲去路口接一下表姐，尽管小A只走10多分钟的路程，但舅妈依然不放心。

19岁的小A已经是大二学生了，可几乎没有单独出过门。菲菲还记得，上初中时有一次约小A去游泳，可不会游泳的舅妈也非要跟着去。那天，舅妈就一直待在泳池边上，还不时地将小A叫过去叮嘱几句。

已经上了大学的小A不会自己洗衣服、做饭，在沙坪坝一所大学就读的她，每个周末都要回在江北的家一次。大一下学期时她的牙齿出了问题，但她并没有在学校附近的诊所就诊，而是专门坐车跑回了家里，和父母一起在家附近找了个诊所看牙，结果每次复诊她都要打车回家。

而当有记者采访时，小A自己却没觉得这有什么问题，她说："现在不是流行富养女儿吗？我父母对我是挺照顾的，我没觉得有什么不好。"但当聊到大学生活时，她则承认，的确并不尽如人意。已经大二了，她却不能叫出全班所有人的名字，也从来没参加过任何社团的活动，用她的话

来说就是“总觉得面对那么多人，挺害怕的”。

父母的过度保护，正在让这个女孩与家的联系越来越紧密得不正常，同时她也在慢慢地脱离社会。看看她的表现，似乎除了在家里能游刃有余之外，在外面已经变成了什么都不会做的“低能儿”。这样的孩子，即便考上了大学，即便大学毕业，又能有什么大的作为呢？

也许有父母觉得，孩子很弱小，他成长的每一步都可能隐藏着危险，原本被人称赞的“风雨后才能见彩虹”的正确道理已经被我们抛弃了，我们宁愿自己给他“建造彩虹”。可这样孩子能得到什么呢？他得到的只是我们的赠予，是诸多表面的、形式上的东西，他的内在依然空虚，什么都没学到。

而且，我们以为这样的保护会让孩子心存感激，可实际上，孩子对这样的保护也并不一定领情，他们也会有自己的想法。

曾有这样一个值得父母深思的真实案例：

某县一所小学举行象征性长跑，结果那些在路边跟着跑的、围观的父母比跑步的学生还要多。这些父母有的就不时地对着孩子喊道：“别跑，慢慢走好！”有的则喊：“吃得消吗？吃不消趁早退出来！”更有的则直接就说：“别逞强了，走不动爸爸开车带你！”

可是正在跑步的学生队伍中，却传出来极为不耐烦的回答，有的孩子说：“谁让你送，快回去！”有的则说：“烦不烦！都被人家笑死了！”而等到跑完后，也有孩子对记者说：“这样的爱我们真受不了！”

事实证明，孩子吃不消的绝对不是跑步这项运动，反而恰恰就是我们附加在他身上的那太过沉重的、以保护为名的爱。可能有的父母说孩子这样说就是不知好歹，就是不懂得体谅我们的心，但我们懂孩子的心了吗？我们看到他想要长大、想要独立的渴望了吗？

我们教养孩子不是在养宠物，不能只给他吃喝并保护好他就完了，而是必须要教他学会自己行走，给他一副健康坚强的体格，让他能自己应对风雨，让他能独当一面。我们不是都在期待孩子未来的成功吗？那么，不过度保护，适度放手，就是在为他的未来奠定基础、积蓄力量。

● 对孩子要有最基本的保护

很多父母都喜欢走极端，一听到某种做法是错误的、教育方法是不妥当的，他就会立刻反其道而行之。于是，一听说过度保护是教育误区，就会有父母随即对孩子撒手不管，美其名曰“放手，让他独立”。但孩子成长过程中还是需要我们对他有一定的保护的，否则他的人身安全也会受到威胁。所以，这就需要我们把握好分寸，最起码一些基本的保护措施不能省略。

如，要给他创造一个安全的活动空间，尤其是在孩子还处在幼儿期时，要将家中有尖锐棱角的地方包好，收起药片、洗涤剂等有毒有害物质，将电线、插座隐藏好或放在他够不到的地方；又如，要给他准备健康安全的食品，保证营养摄取；督促他进行体育锻炼、多与人交往等等。

这些基本保护将能保证孩子最起码的人身安全以及身心健康。除此之外，我们还要给他一个最为重要的保护，那就是教他学会自我保护。自我保护相当于孩子贴身的“防护衣”，不管到任何时候，他都能凭借自己的能力游刃有余地去应对。

如，教孩子学会做洗衣做饭等生活中的各种小事，提高他的动手能力，使他不论再遇到什么都不会束手无策；教他能熟练使用各种工具，无论是锤子、钳子，还是菜刀、锅铲，都要教他使用的方法，最好亲身示范并手把手地教给他，还要教他如何躲避地震、洪水、火灾、台风等自然灾害，也要教他怎样应对陌生人、陌生电话、陌生邮件；教他选择健康的书籍、选择益友等等。

● 不要擅自剥夺孩子成长的机会

看见孩子拿起剪刀，我们会大喊：“快放下，别伤了手。”

听见孩子说想要学骑自行车，我们又会苦口婆心地劝：“骑车太危险了，学别的吧！”

一想到孩子可能遇到坏朋友，我们就会对他的朋友们进行如特工一样的“细致调查”。

……

每当孩子要迈步的时候，我们总是会拦下他，因为我们觉得他会做不好，觉得他一定会出错。可是，没有经历就没有成长，即便他真的做错了或者遇到了阻碍，这也是他成长的必然，我们没有权利剥夺他成长的机会。

所以，我们应该学会区分保护与过度保护，要认清楚哪些事是孩子成长过程中所必须要经历的，遇到这样的事时，要允许他自己迈步，可以在一旁给他成长的建议指导，但千万不要包办代替，也不要给予太多帮助。

比如，就用学骑自行车来说，当孩子会骑自行车之后，他不仅多了一种代步工具，还多了一种健身方式，同时还多了一种与朋友们的“交流”方式，这就是他的一种成长。我们在教他学习之初，可以先给他做个示范，并告诉他其中的要领，还要给他讲清楚危险性。最开始我们要多加保护，或者也可以给他准备好一系列防具，之后就要提醒他自己多加练习。等到他学会骑自行车之后，我们还要给他讲讲交通安全，以保证他“行车”通畅。

● **允许孩子适当地“冒险”**

南京市原本拟定在2012年9月新学期开始时，在全市30所中小学推广一种几乎没有身体碰撞的触式橄榄球运动。但一听说是橄榄球，很多父母立刻表示反对，用他们的话来说就是：“橄榄球太暴力，孩子们容易受伤。”

而根据南京市橄榄球协会秘书长的解释，这种触式橄榄球与人们所熟知的那种剧烈的冲撞比赛不一样，只是以双手触碰对方为准，就像是小时候很多人都玩过的“碰到即停”的游戏。这种运动不涉及性别，也没有年龄限制，即便是小学1年级的孩子也能玩。

如果我们仅凭自己的认知，就直接阻碍孩子迈出接触新事物的脚步，这无疑也是对他成长的一种阻挠。要知道，孩子原本就对各种新鲜事物感到好奇，而且他也正是因为这些新生事物才能逐渐认识这个世界。

举一个简单的例子吧：我们一直都怕孩子会被开水烫，但假如一直只是防范，却不让他真的被“烫”一次，他恐怕永远都不知道“烫”是个什么滋味。所以，为了让孩子不再被烫，有的父母就会在他小时候抓着他的小手让他轻轻碰一碰开水杯，当他自己反射性将手缩回时，被烫的记忆也就在他的大脑里“扎根”了，从那以后他就会自动躲开开水。

同样道理，我们也要允许孩子适当地去冒一些险，如允许他走一走比较窄的通道，看看他能用什么方法保证自己不会被人挤到、碰到；允许他学习一门积极健康的且有一定意义的新技术；允许他独自完成一些事等等。不过，在这个过程中，我们也要给予他适当的保护、叮嘱与指导。

干涉过多——如果父母不尽早放手，孩子就永远也学不会用双脚行走

干涉，就是原本不是自己的事情，但却要去过问甚至制止，也就是不该管的却硬要去管。从这概念来看，多数情况下，干涉并不是一件好事，很可能会引起被干涉者的反感。

但对于孩子来说，身为父母的我们就是一个干涉者，我们经常会以自己的意愿或判断，擅自去干涉孩子的方方面面。

如，我们会干涉他的学习，用我们所认为的好方法去教育他，希望他能按照我们所说的去“好好学习，天天向上”。

又如，我们也会干涉他的课余时间，我们用自以为正确的“合理利用所有时间”的认知，来劝导甚至强硬地要求孩子抓紧时间学习，即便是在课余也不要放松。

还有，我们干涉他的穿衣，他的发型，只要我们不喜欢，他就要立刻作出改变；我们干涉他的游戏，只要是我们觉得不合适的，一律不许他玩；我们还干涉他的阅读，除了教科书、教辅，不管他拿起什么书，在我们看来就都与不良书籍等同无异；我们干涉他的兴趣发展，只允许他去开发经我们许可的兴趣；我们更干涉他的交友，只要我们不喜欢，那么他就不能和某个孩子交朋友；我们还会干涉他的思想，试图让他和我们有同样的想法；

我们甚至会干涉他的梦想，不是给他强加上我们未竟的梦想，就是让他一定要按照我们规划的道路去奋斗……

如此一件件数下来，我们似乎干涉了孩子的整个人生，这样的他和一个提线木偶又有什么区别，难道我们就希望孩子成为一个“提线木偶”吗？

接受了太多干涉的孩子，往往会缺少自信心，对什么事都不能自己主动决断，做事也放不开手脚。他很难和别人建立起友好信任的关系，比起实干，他更愿意幻想，也许正是因为他无法在现实中有更多的表现，所以他只能通过想象来完成他想做的事。而这样的孩子对父母也许会心有怨恨的，甚至有人因为怨恨而对父母挥刀相向。

2010年6月8日，杭州市中级人民法院进行了一场刑事审判。被告是32岁的张某，之所以站在了被告席上，是因为他挥刀杀害了生他养他的母亲。

这起杀亲血案发生在2010年1月1日，当时张某在杭州找到了工作，母亲为了照顾他的生活也来到了杭州，母子二人暂住在张某的表妹家中。事情的起因很简单，只因为母亲给张某做午饭做晚了，他很生气，于是便跟母亲吵闹起来，说了许多过激的话，甚至还动手打了母亲一巴掌。母亲气不过，就说要回老家去，张某也越想越气，随即抄起刀架上的刀捅向了母亲。尽管张某事后拨打了120和110电话，可母亲还是因为急性大失血死亡。张某也想自杀，但却被后来赶到的警察制止。

张某母子二人“积怨”由来已久，张某不满母亲对他管得太多、干涉他的人生太多。其中最重要的一件事，就是在大学专业的选择上。原来，当年张某高考成绩很好，他想要学医学。可是父母却让他选择了他们当时认为是热门的计算机专业。而到了大学后，读计算机专业的张某觉得压力很大，就开始埋怨父母。也正是从此时起，他就和母亲结下了矛盾。他认为是父母逼他选错了路，他觉得母亲管自己太多，什么事都要过问，由此他的内心也起了很大的变化，结果导致母子俩经常因为一些小事就争吵。

母亲对张某管得太严，他无法按照自己的意志选择生活方式，他觉得自己成为了父母实现望子成龙愿望的工具，这才导致了这场惨剧的发生。

不管怎么说，杀母亲终归是张某的不孝行为。但从这件事的根源来看，正是父母对他各种事情的过多干涉，才导致他心理出现了扭曲。

父母关心孩子的成长、未来与前途，这本没有错，但是怎样关心才是最合适的这是需要所有为人父母者认真思考的。过多的干涉并不会给孩子带来更好的发展，因为他也是一个活生生的人，是一个有自我思想意识的独立个体，他有自己的成长轨迹，我们的干涉可能反而会破坏他的“生态系统”，要么导致他心理畸形，要么就使他过早地“干枯死去”。

所以，孩子的人生还需要他自己去走，我们要避免过度干涉，不能成为他的“双拐”，支撑着他不正常地迈步。同样的，我们更不能变成他的“轮椅”，否则他自己哪里也去不了，只能跟随我们的决定。

● 将孩子当成独立的个体来对待

很多父母对孩子总是不能放手，在外人看来，孩子就好像是他身体的一部分，只不过是暂时“拆卸”下来而已。于是，孩子就好像是一个附属体，不能有自己的思想、意见、决断，不管要做什么都必须要紧跟“本体”。

有的父母说，孩子还小，一些事情只能由我们来帮他做。这样想就错了，这就已经是最直接的一种干涉的想法了。孩子不管多小，都是一个独立的个体，他的成长只能由他自己来完成，没人能代替。

所以，从孩子一出生，就要将他看成是一个独立的个体，要遵从他的成长意愿。而我们只要给他提供最基本的生活保障，给他提供最基础的教育就可以了。当我们能这样看待孩子时，也就不会无视他的想法与意愿，而是更愿意与他交流，更愿意倾听他的内心，这样也就减少了干涉他的可能。

● 给孩子选择与决定的权利

我们对孩子过度干涉的最直接表现之一，就是对他的选择与决定横加“阻挠”。不管他面对的是什么事，也不管那事有多大多小，我们都不会完全相信他，总是要加入我们的意见。但这明显就是对孩子的不尊重，失去了选择与决定的权利，他无疑也就失去了人生的主动权。

因此，要将这个权利还给孩子。不管是要决定穿什么衣服，还是决定要看什么书；不管他是想要选择上哪个兴趣班，还是选择要和谁交朋友；也不管他是想要学文，还是想要学理，又或者是学艺术……只要是有意义的、健康的，只要是对他的成长有好处的，我们都应该支持他、鼓励他。

当然，将权力下放也会存在弊端，那就是孩子很可能会因为好奇或有趣而作出了错误的选择与决定。这时，我们除了尊重他的权利之外，也要提醒他选择出了问题，或者干脆就直接告诉他他的决定是错误的。

只不过我们态度不能太过强硬，也别一副“看吧，这就是你自己选择的结果，果然有问题”的表情。这是孩子必经的成长过程，所以，我们要诚恳地将自己的意见讲出来，一定要有理有据，不能强硬地要求孩子必须听我们的，只要我们说的内容能打动他，他自然就会主动听进去并积极改正。

● 尽量让孩子经历丰富的生活

孩子的生活，也是我们干涉得比较多的一个领域，怕他生活得不好，怕他受委屈，怕他应付不来生活里的种种问题，所以总是不自觉地就插手。

但这是不行的，不管怎样，孩子未来的生活还得他自己去过，就算出了问题也需要他自己去解决。而且，未来他的生活也不仅仅是他自己的，更是他的家人的。所以，我们越早让他经历丰富的生活，他就能越早学会生活；让他经历的生活越多，将来无论遇到怎样的生活，他知道该如何应对。

所以，我们要尽量过好自己的生活，让孩子看看真正的生活就是琐碎而繁杂的，就是需要一件小事一件小事去应对的。还要教他掌握各种生活技能，从针头线脑到锅碗瓢盆，从打扫生活卫生到改善生活质量，我们要教他如何自己处理生活的问题，如何为自己创造更好的生活。也要教他与周围人和睦相处，因为他的生活不仅仅是他的，只有他与周围人在一起时，他的生活才是完整的……

总之，我们要给男孩经历各种生活场景的机会，让他知道生活里不仅有甜，也包含其他各种滋味，生活中的酸甜苦辣他都要品尝到，这样他才能积累丰富的生活经验，才能学到更多的生活技能，才能在面对各种问题时做到“宠辱不惊”。

● **接纳孩子与我们的种种“不同”**

有些父母之所以会干涉孩子，就是因为孩子和我们有所不同，他的思想更新潮，他接受新鲜事物更快，他的新理念更多，这些很明显与我们所固有的东西都格格不入。于是，有的父母便就此觉得有些受不了，自己的孩子怎么能不和自己站在一条“战线”上呢？

其实这哪里是不在一条“战线”上？这就是我们常见的“代沟”。时代在发展，各种新生事物层出不穷，各种新观念、新理念的出现也不可避免，成长于新时代的孩子有与我们不相同的想法这是再正常不过的事了。

所以，我们理应及时更换旧思想，用一种学习的态度去看待各种新事物，可以和孩子讨论一下，或者向他请教一下，这都是很好的亲子表现。当然，这并不意味着我们要完全丢掉所有的旧思想，那些能受益终生的人生道理，从古圣先贤那里一直传到今天的为人处世准则、待人接物道理，我们都要牢牢地把握住，并将其也传给孩子，让他能用正确、合理的思想道德观念去衡量出现的各种新生事物，从而建立正确的人生观。

包办代替——越俎代庖并不是爱的表达，只会给孩子带来伤害

对孩子之所以施以教育，就是为了让他得到成长，而不是父母彰显自己的“聪明才智”，不是显示自己的“权威”，父母是否真正有聪明才智和权威性，是等孩子长大以后由他来“认定“的。但遗憾的是，今天很多父母都喜欢在孩子面前表现自己的“权威性”，以此来证明孩子做的是错的或者证明他就是没有能力的，因此只能由我们替他做完并做好所有事。可是我们这样的想法却剥夺了孩子自己成长的权利，久而久之，他就会形成习惯，如果没人在一旁督促或扶持他，他就会寸步难行。

有一所中学的老师就曾经很无奈地对前来采访的记者说：“我班上的

孩子，说得夸张一点，如果我或者其他的老师不提醒他们自己要及时喝水，他们估计一天下来也不会站起来去打水喝。最近一段时间，季节交替，早晚跟白天温差大，我每天中午还得提醒孩子们把外套脱下来，以免热着；等晚上放学时，我还要提醒他们再把衣服穿上，以免冻着。我觉得，我这哪里是初中一年级的老师啊？我分明是幼儿园的老师。其实我也不指望孩子们能像我们小时候或者他们父母小时候那样什么都会做，但最起码也要有自理能力吧！真希望父母能好好教一教，不要什么都替孩子做好了，反倒让他变成了生活低能儿。”

看看现在的孩子们，小学二年级了不会系鞋带，上初中了不会自己过马路，已经读高二了却连一包方便面都不会煮……。孩子自己一个人就什么都不会做，而与之对应的是父母不断操劳的身影。不管什么事，我们都要“亲力亲为”，因为我们确信，只有这样孩子才能少走些弯路，他才不会出错。可是，我们这般越俎代庖，换来的却是什么呢？

一位妈妈说：“从女儿小时候起我就希望她能好好学习，将来有出息。于是我什么都不让她干，什么都替她做好了。我把她送进重点学校，还主动和班主任‘拉关系’，让她能多受到班主任的关照。她挨了批评，我们跑去和老师沟通；她要参加班委竞选，我们跑去给她拉选票。可是，我们帮她做好了一切，她的表现却越来越差，成绩忽高忽低，在家任性得很，在学校也和同学们没法搞好关系。最气人的是，每当我们训斥她，她却一脸无所谓地反驳，并说‘那不是有你们吗？急什么’。我为了她花了大把钞票，欠下诸多人情，自己没少费心，可她呢？”

不求上进，对什么事都没有兴趣、漠不关心，出了问题一副无所谓的态度，静等着父母帮忙解决……这就是经由我们包办代替后的孩子的变化，而这也与我们当初的设想与预计完全不相同。

究其原因，就是因为我们做得“太多”，从生活琐事到考试升学，我们将所有的事情都帮孩子安排好了，他根本没有“表现”“负责”的机会，所以他才形成了依赖心理。

有教育学者认为，父母对孩子的“照顾程度”，会与他的能力和进取心成反比，假如父母帮他做好了各种事，替他扫清了成长道路中80%的障碍，那么他的能力也就只剩下了20%；而假如父母100%地什么都帮他做好了，他就真的成为一个能力为0的寄生生物了。也正因为他获得的这些并没有经过自己的努力，也不用承担任何责任，所以他才不会懂得珍惜。

鉴于此，我们需要给孩子自己起飞的机会，给他自己做事的机会，这样他才算是经历过了人生，他才知道什么是生活。而他由于感受到了自己奋斗的艰辛，自然也会对我们的艰辛产生同感，并学会珍惜与负责。

● **了解怎样做才算是包办代替**

总有父母对“包办代替”一词颇有意见，他们会认为自己的所作所为就只是在给予孩子简单的帮助，根本就不属于包办代替。

所谓“包办代替”，就是指应该和有关的人一起商量或一起做的事，却独自办理，不让旁人参与。我们可以回想一下，当孩子系不上鞋带时，我们有没有蹲下身子替他完成？当他做不出来难题时，我们有没有直接将答案写出来让他抄上就好？当他需要动手完成某样手工制作时，我们有没有从美观、完整以及不耽误学习的角度考虑，替他做好？

如果这些答案都是肯定的，那么我们就已经是包办代替了。虽然我们这的确是在“帮忙”，可是帮忙的程度有些太大了，他已经完全不用自己动手了，只享受最终结果就好。显然，这样的表现带给孩子的只能是一种感觉——反正做什么事都有爸爸妈妈，我就不用费劲了。

所以，父母要好好回忆一下，之前对孩子的所谓的“帮忙”，是不是让孩子什么都不用做了？如果是，就要及时停止这样的作为，要学会点到为止。也就是说，当孩子遇到困难需要帮助时，父母可以给他建议，也可以向他提个醒，但是不要说得太明白，而是要启发并引导他自己思考。

● **培养孩子做事的自信心**

在还是婴幼儿时候，孩子会想要做各种事情，比如，不到一岁的婴儿就想要去抓碗筷，并学着父母的样子自己吃饭，尽管他会将饭粒吃得到处都是，可他却乐此不疲；等到了两三岁，他又会想要自己穿衣、穿鞋，自己打开零食盒子，自己打开想要看的动画片；四五岁时，他则希望自己能像父母那样做更多的事情……

可以说在这些时候，孩子都充满信心，反反复复、一次又一次之后，他坚信自己可以做到想做的事情。其实，这是很好的一个促进孩子自信心发展的过程。

当他表现出这样的意愿时，我们最好不要干涉。如就拿吃饭来说，在没有学会吃饭时，孩子的手控制不好力度，也控制不好平衡，所以他不是将勺子使劲地打在碗上，就是将饭菜挑得到处都是。这时我们要保持一个好耐性，不要训斥，也别总是很直接地就对孩子说“你太小，还不会，我帮你”这样的话，可以慢慢地教他，让他看看正确的拿法是什么，鼓励他自己去做，让他有一种“我能做”的感觉。我们只要耐心一些去收拾就可以了。

我们尤其需要控制好自己的情绪，不要因为孩子的这种类似于破坏或捣乱的行为就表现得很愤怒，否则情绪就会传染给孩子，让他产生误解，以为这样做就是错的，从而不再尝试，进而放弃自我成长的机会。

● **不要插手孩子力所能及的事情**

如果说在孩子不会做的事情上我们插手还能勉强算是在帮忙，但在他自己完全有能力做的事情上我们还一定要帮他做的话，那就是我们对他的一种极其不信任的表现了，这也就成了名副其实的包办代替。

每天早上妈妈都要帮儿子收拾书包，儿子已经习惯了妈妈的帮忙，自己干脆就很放心地等着。直到有一天，妈妈出差了，而爸爸因为从来没给儿子收拾过书包也就没有插手。结果第二天早上，儿子一看书包没有收拾好，立刻就说他没法上学了。

收拾书包是孩子自己力所能及的事情，但我们的擅自插手就让他放弃了自我能力的培养。试想，他连力所能及的事情都不愿意做，又怎么会去做其他的事情呢？

所以，我们要信任孩子的能力，只要是属于他自己能做到的事情，就要完全放手让他去做。从穿衣吃饭，到自己收拾书包、整理床铺，再到后来的打扫家务，采买东西，我们要看得到孩子能力的成长空间，让他在一次又一次的试验中，学会应付各种事情，让他的能力经验值不断得到提升。

有时候，孩子可能会因为做不好或做不到而沮丧甚至哭泣，这时我们也要硬起心肠，别“管”得太多，只要鼓励他继续努力，坚持让他“自己的事情自己做”，他就能慢慢变得独立、自主、自强起来。而经历过成功体验的孩子，也就自然会想要获得更多的成功，他的能力范围也会逐渐扩大。

● 对孩子做不到的事情适当搭把手

为了锻炼孩子的能力，有的父母可能会对孩子的所有事情都采取撒手不管的态度，这其实也是不对的。毕竟，孩子的成长就是一个学习阶段，如前所说，当遇到他不会做的事情时，如果没有他人的指点，他也一样什么都学不会。所以，有时他也需要我们的帮忙。

如当孩子学习做简单的饭菜时，如果我们什么都不管地让他自己去动手，他就可能会误伤到自己。所以，此时我们就要先给他做个示范，并在示范过程中向他强调菜刀、炉灶、抽油烟机的使用方法。即便是让他自己做的时候，最初我们也要在一旁看着，一方面是及时给他提个醒，另一方面也是在注意他的安全，直到他最终能熟练进行操作为止。

袒护——在父母的“羽翼”下，孩子很难有对自己、对家国的责任感

孩子的成长本身就是一个不断犯错，然后不断改正的过程，如果我们能及时指出他的错误，并帮他认识到错误的严重性，孩子也许能获得更大进步。而有的父母却不愿意指出孩子的错误，甚至在别人指出孩子的错时，也要毫无原则地支持和保护孩子，这便是父母对孩子的袒护。

有的人可能会表示异议，每位父母都希望孩子能够身心健康地成长，

怎么还会有明知孩子犯错，却不去加以制止和纠正的父母呢？其实，父母对孩子的袒护往往是出于自私狭隘的偏见。而这种父母自以为是“爱孩子”的无意识的袒护恰恰会害了孩子。

孩子由于涉世未深，经验较少，对事物的认知和判断能力都比较差，也不能很好地控制和调节自己的行为，很容易养成各种不良习惯，甚至惹出大大小小的麻烦。但是，孩子对自己的行为往往是不辨优劣，仅依靠父母的态度和评价作为评断是非的标准。

我们常看到孩子在受到别人的指责时会不服气地说：“你少管闲事，我爸妈都不管，你管得着吗？”所以说，当孩子做出不良行为时，父母的态度十分重要，它不但会影响到孩子是非观念的形成，而且会影响他一生，而错误的观念一旦形成，再要改就很难了。

同时，在孩子犯错以后，父母若为他辩解，也容易养成他推卸责任的毛病。受父母的影响，当孩子做错事后首先想到的不是如何弥补过错，而是如何为自己辩解，如何逃避和推卸责任。孩子在幼年时也许不必负很大的责任，有些事情父母足以为其代劳，但他终归有长大的时候，将来也会走向社会，独立面对工作、生活、家庭中的种种事情。

每个人自从出生那一刻起就背负起将来孝养父母的责任，走向社会又要担当起工作中的职责。如果我们做父母的总是毫无原则地袒护孩子，导致孩子的责任心淡薄，那么他未来人生中的这些责任，又有谁能替他担负呢？

姐弟俩相差 3 岁，但他们受到的却是不同的家庭教育。姐姐 10 岁时在妈妈的钱包里拿了钱去买糖豆吃，被妈妈发现后狠狠地批评了一顿。

后来，她发现 7 岁的弟弟也会从妈妈钱包拿钱，而且买了许多玩具。她告诉了妈妈，没想到妈妈却轻描淡写地说：“哦，是我让他拿钱帮我买东西的。玩具是别人给他的。”姐姐明明知道事情的真相，却不理解妈妈为何如此偏袒弟弟。

多年后，她和弟弟都长大了。有一天，妈妈哭着打电话给姐姐：“你弟弟因为入室盗窃被警察带走了，帮妈妈想想办法啊！”

父母若时常袒护孩子的过错，也许可以让他逃过一时的指责，但却在孩子的品质上留下了难以磨灭的污点。所以说，我们在教育孩子时千万不可掉以轻心，教育一定要“慎于始”，否则今天的教育方式“失之毫厘”，在孩子未来的品质上将会“差之千里”。

我们要呵护的是孩子纯洁的心灵和品格，而非孩子错误的行为。真正爱孩子的父母会冷静而清醒，会及时地制止和纠正孩子的错误，并帮他建立起勇于承担的责任心。袒护孩子也许同样出于对孩子的爱，但最终却只会害了孩子。所以，我们一定不能做孩子不良品质的保护伞，而是应该像修理小树一样，及时为他剪掉多余的枝丫，让他健康成长。

可是，孩子年龄小，犯错是不可避免的，当孩子做错了事情时，我们应该以怎样的态度来对待呢?

● 彻底了解袒护孩子的弊端

如果孩子在犯错后没有受到应有的惩罚，而是常常被父母袒护，推卸责任或减少应负的责任，久而久之就会让孩子混淆是非，心中的原则界限变得模糊。而且，孩子第一次犯错时都会有恐惧心理，猜测父母会以怎样的方式来处理，会不会惩罚自己。但如果孩子这次犯错得到的仅仅是父母的袒护，下次犯错时他就不知恐惧了，并且会渐渐地越错越理直气壮，甚至面对指责也有恃无恐。如此下去，孩子将会越来越难以管教。

而且，经常被父母袒护的孩子还会责任心淡薄，很少顾及他人的感受。由于不怕犯错、“敢于”犯错，长大后很可能就目无法纪、胆大妄为。当他闯下大祸，甚至触犯法律时，父母再后悔对孩子疏于管教恐怕为时已晚了。

● 要有一颗明辨是非的公正之心

父母袒护孩子有时也不是故意的，而是因为太爱自己的孩子，太相信自己的孩子，认为他不可能犯某些错误。所以，当孩子受到他人的指责时，父母便会为其辩解开脱。

在这里，提醒父母注意，对孩子的爱一定要冷静而理智，不要无限度地夸大孩子的优点，认为他十分完美，不会犯某些错误。当孩子受到他人指责时，我们应先听听别人的看法，再听听孩子对这件事情的说法，然后以一种局外人的角度去评断是非，千万不要想“这是我的孩子，他怎么可能这样做呢？”人一旦私心过大，就难以正确地评断是非。

而且，我们要知道，发现孩子的错误并不能说明孩子很失败或者自己的教育很失败，而是说明他有需要改正的地方，在人格上还有待完善。事实上，错误被发现也是一件好事，因为有了可以改正的机会。我们若能以这种心态去看待孩子的错误，就不会想要袒护他了。

● 让孩子认识错误并承认错误

孩子做错事后重要的并不是错误本身，而是应该怎样让孩子认识到他的错误，并勇于认错。多数孩子都是害怕犯错的，也怕承认错误。因为他们怕承认错误后会受到指责、打骂或者被人看不起。但是孩子犯错后不承认错误，甚至想方设法去掩饰错误，就等于错上加错，这是比犯错更严重的错误，因为逃避、掩饰错误最终会制造更大的错误。

因此，当孩子犯错时，我们应鼓励他承认错误，并指点他为自己的错误作出弥补。要记住，是“鼓励”而不是“逼迫”，如果我们用打骂等方式对待孩子的错误时，下次犯错时他便更没有勇气承认了。再就是，有的孩子一旦犯错就马上承认错误，“对不起，我错了”几乎成了口头语。这时，还要帮助孩子分析错误的原因，把道理讲明白，然后给他改过的机会。只有从精神上善待孩子，才能从根本上让他为自己的行为负责。

差生——没有孩子是“差生”，主观片面的判断只能毁掉孩子的前程

不知道从什么时候开始，“差生”这样一个听起来有点刺耳的称呼在学校“流行”开来。一旦大家知道某个孩子是“差生”，那么老师就会对他“另眼看待”，同学们也纷纷疏远他，父母们会格外叮嘱自己的孩子“别跟他玩”，

似乎一个“差生”的标签，就等于否定了一个孩子的全部。

什么是“差生”？“差生”也被称为“后进生”，一般不外乎两种情形：第一种，是虽然努力学习但成绩依旧不好的学生，因为成绩差而被区分出来，从而引发他们做出违反教育规定与教学管理的行为；第二种，是经常在班级、学校违反班规班纪、校规校纪、道德原则或者犯有严重错误的学生，这些学生一般没有正确的行为方式，不思进取，不好好学习，个人道德素养偏低，很难被周围的人认可。

而今，“差生”的定义在很多父母和老师的心目中似乎变得更加简单了，什么是“差生”？只要学习成绩不好，那就是“差生”；只要犯了一些小错误，那就是“差生”，就总受批评。应该说，“差生”是应试教育的产物，因为唯成绩论才会产生“差生”。几个数字组成的成绩，几次孩子们可能都会犯的错误，就成为了定性孩子好坏的“标准”，这是一件多么悲哀的事。其实，很多“差生”只是学习成绩差，其他方面能力都很优秀。

遗憾的是，有的父母和老师，只因为孩子在学习成绩等某些方面表现不好，就做出一些让人匪夷所思的事情。

有一年9月开学以来，无锡市儿童医院儿保科就变得格外忙碌，原来近一段时间来这里测智商的学生明显增多。据父母反映，多是因为孩子的学习成绩太差，拖了班级的后腿，影响了班级的成绩、荣誉和利益，老师就要求“差生”去医院进行“智商测试”。甚至有父母还希望医生给自己孩子的智商打出低分，因为如果是孩子智商低，那么即便他考试成绩不好，他的成绩也不用被计入班级成绩与考核，也不会影响到老师的教学成绩。

同样是这一年9月的新学期，西安市未央区某实验小学校内出现了一幕奇怪的景象：一部分学生佩戴着鲜艳的红领巾，但另一些学生却戴着绿领巾。而学校的解释则是，那些学习、思想品德表现稍差的学生没有加入少先队，戴绿领巾可以激励他们上进。但戴红领巾的孩子却经常对戴绿领巾的孩子说：“你学习不好，戴绿领巾，我才是真正的红领巾……”很多孩子认为：“他们都是红领巾，我觉得绿领巾不好看，可是不戴的话老师会批评。”很多戴绿领巾的孩子一出校门就赶紧把它解下来塞进书包。

面对这些莫名其妙的行为，不禁让人感叹“差生”果然是“与众不同”的，无论是父母还是老师，对“差生”这种差别对待无不是对孩子的一种心灵摧残。

其实“差生”的定义从何而来？这并不是什么很权威的定义，完全就是凭我们这些成年人的主观判断。孩子在某些方面，尤其是在学习上或者在班级中表现不好时，他就被自动归入了“差生”的行列，这是个多么武断的决定。

虽然说，“差生”经常给教师在教学、给学校在管理上带来一定困扰，但父母、教师、学校和社会，都不应该放弃“差生”，还是要尽力把其错误的思想行为导正过来。

因为没人是完美的，孩子也不例外，他可能学习成绩不好，可能调皮了一些，可他在其他方面却可能会有很好的表现。而反观那些所谓的优秀生，又有多少孩子除了学习就一无是处？又有多少孩子成绩与能力完全不成正比？简单的“优等生”与“差生”的区分，就将孩子的发展牢牢禁锢住了，“优等生”只抓学习，“差生”也为了不再差而只注意学习，似乎学习好了一切就都好了，这又怎么可能呢？

孩子的成长充满了各种各样的变数，我们应该帮助他进行全面的成长，让他在各方面都有所发展。所以，我们自己就不要擅自给孩子安上“差生”的标签，也不要受到“差生”这个称呼的影响，要理智地看待孩子的成长，给他们最真挚的鼓励与支持。

● 要能看得到孩子身上的优点

当从老师或其他同学那里得知孩子是“差生”时，有的父母就坐不住了，于是在他的眼中，孩子就真的变得一无是处。可当我们都将孩子看成是“差生”时，他可能也会认同的，于是真的就自暴自弃了。

所以，我们需要找到孩子身上的优点，用这些优点来给他以自信。如孩子在运动方面很有天赋，他的手十分灵巧，他会做各种家务，肯积极地参与班级活动，能够主动帮助邻居搬东西，会捡起丢弃在地上的垃圾扔进垃圾桶，在公交车上会让座，可以和周围孩子和睦相处，等等。

不管是哪方面的，我们都可能在孩子身上看到闪光点，我们可以这样告诉孩子："你不是什么都不会的孩子，只不过是学习成绩可能要比别人稍微差一些，但这并不影响你成为一个好孩子。你还有这么多优点，所以我相信你一定能通过努力取得进步的。"

● **不要只抓孩子的学习**

一说到"差生"，几乎所有人都会拿他的学习说事。学习成绩几乎已经变成了衡量"差生"与"优等生"的唯一标准。但孩子的成长又的确不只是依靠学习成绩来完成的，他需要学、需要做的事情太多了。

当孩子因为学习成绩不好而被归类为"差生"时，的确需要好好抓一抓他的学习，帮他找找原因，帮他补补落下的功课，或者教他一些更好的学习方法，引导他向成绩好的同学取取经、学习一下，这些都是必要的工作。但也不能因此就让孩子将所有的注意力都投放到学习上去，他该有的兴趣活动、娱乐活动还都要有，只是时间和精力需要暂时适度向学习上倾斜一下。

● **多用鼓励与支持来激发孩子的上进心**

每个孩子都有上进心，关键是看我们能不能巧妙地激发出来。

有个男孩的学习成绩并不好，最近一次考试在班里排倒数第一，他是老师眼中典型的"差生"。

这一次，爸爸没像以前那样训斥他，只是摸了摸他的头，平静地说："好吧，孩子，现在你的后面已经没人追你了，换成你去追别人好不好？"

男孩惊讶于爸爸的平静，下意识地回答："好。"

接着爸爸就问："那你准备先追上几个人呢？"

男孩想了想说："5 个吧，他们和我其实差不多。"

果然，等到又一次考试时，男孩考到了倒数第六，爸爸微笑着说："说话算话好样的！"

男孩受到了鼓励，这次主动说："爸爸，下次我想追上 10 个。"

爸爸说："好哇，如果你追上了，我就给你买你最喜欢看的军事书。"

就这样，在爸爸的鼓励下，男孩一次又一次地追赶着别人的脚步，从倒数第一一路追到了前十名。

这位父亲的"追赶激励法"，唤醒了男孩内心的进取心理，这才促使他挖掘出了自己的潜力，从而让他不断取得进步。

所以，我们也不要吝啬自己的鼓励与支持，这会让孩子感觉到他并不是孤独的，我们是他坚强的后盾，他就会鼓起勇气战胜自己的弱点。

● 和孩子一起正视"差生"的称呼

就算我们反对"差生""优等生"这样的区别，可是在一部分学校里，这样的区分还是不可避免的。

面对这样一个称呼，我们首先就要尽量保持理智，因为如前所说，"差生"的评定多来源于个人的主观意愿，所以这也许只是老师的片面判断而已，我们需要好好考虑一下，到底老师说的是不是真的。同时，我们不要表现得很失望，更不要对孩子大发雷霆，否则会加深孩子内心对"我是差生"的肯定；同时我们也不要当着孩子的面就批评老师是在乱说，因为是个人主观意愿，但老师还是有一定的判断依据的，否则我们批评老师，就会让孩子失去对老师的信任。

当我们冷静下来之后，就要好好安慰孩子，告诉他老师并不是恶意，只是希望他能更加努力。同时我们要尽量避免在他面前再提起"差生"这个名词，只是帮忙找一找看他有哪些地方的确做得不到位，如果是学习不努力，我们就督促他好好学习；如果是太过调皮，我们也要通过智慧的教育方法让他变得乖一些。总之，就是要冲淡"差生"对孩子造成的心理影响，引导他以此为警示，并不断追求上进。

平等——无原则的“平起平坐”是破坏家庭秩序，长幼有序才是家庭正道

今天，很多家庭都追求成员间的“平等”，试图在家中创造一种家庭成员之间彼此和睦相处的“盛景”，并谓之曰“民主”。

于是，家中的确表现出了一定的“民主”。如，孩子有权自主决定，有权对父母的话说“不”，有权批评父母，等等。看上去，这些情形好像并无不妥，与一些专家提倡的教育理念也很一致。但是，这样的“民主”在家庭中实施起来并不是总是那么美好的，随之也同样会出现一些并不太和谐的景象。如孩子目无尊长，直呼长辈的姓名；如孩子在家里没大没小，对长辈呼来喝去；还有的孩子更是在家中作威作福，甚至训斥、打骂长辈。难道这就是我们所追求的平等吗？

其实关于这一点，很多父母和老师也已经有所察觉。

前些年，有一些家长曾向《今晚报》打电话反映：现在的孩子已经不再像过去，至少不再像自己当年那样对父母心存敬畏了。他们说，现在家里物质生活越来越好，他们什么都先想着孩子，总是给他买各种礼物。可是孩子却对这些并不领情，喜欢的玩具就多玩一会儿，不喜欢的连看都不看，甚至还心存不满，并因此对父母也横加指责。平时就更别提了，哪怕一丁点小事也能对父母大喊大叫起来，根本连最起码的尊重也做不到。

而有一位初中班主任也对此颇有怨言：“我班里总有那么几个孩子，经常顶撞老师，别说敬畏，他压根就不尊重老师。每次批评他们的时候，他们就满满一副毫不含糊的劲头，至于说请父母来，也压根儿就不在乎，因为平时在家对父母就这么没规矩，这其中也不乏一些学习成绩好的孩子。这些‘缺家教’的孩子就是因为在家形成了‘不敬畏父母’的习惯，所以对谁都一副目中无人的模样，自然也就对老师缺乏起码的尊重了。”

当孩子因为习惯了家中的平等而出现如此多的坏毛病时，后果是不堪设想的。据某心理咨询机构调查显示，目前部分“90后”独生子女进入职

场后，消极怠工、自我膨胀，瞧不上领导和同事，对领导的批评很难适应，一旦工作中遭遇挫折还会推卸责任。有时为了逃避批评、躲避领导就频繁跳槽。“无所谓”是他们的口头禅，“爱谁谁”“得过且过”是他们的人生信条。这样的人不会受人欢迎，也不会受人尊重，他的事业也会受到影响，如果孩子处于这种情形中，又怎么能让父母放心呢？

所以，这种盲目追求平等的做法是不可取的。因为从中华民族自古以来的传统道德来讲，我们一直都讲究长幼有序，讲究无论在哪里都要尊老爱幼。小辈必须要尊敬长辈，长辈也要爱护小辈，这才是正常的家庭发展模式，只有这样我们才可能获得安定和谐的家庭氛围。

事实上，在一个家庭中，就身份角度来讲，是不存在“平等”这一说法的，长辈就是长辈，小辈不能僭越；小辈就是小辈，长辈也不能自贱身份。否则，小辈在家中就会失了礼数，而长辈又会丢掉尊严，如果一家人长幼之间乱了套了，那么家庭迟早都会出问题，而受到最严重影响的又将会是小辈，由于目无尊长，他未来在社会上就非常有可能栽大跟头。

战国时期的思想家荀子说：“长幼有序，则事业捷成而有所休。”意思是，讲究长幼有序的人，事业能迅速发展并取得成功，因为事业顺利，他就能获得宝贵的休息时间，使自己得以好生休养，从而有更好的发展。

可见，我们应重新认识“平等”这个词，不要再被某些所谓的“先进理念”所蒙蔽；我们也要好好地重新“布置”一下家庭格局，不要让不正常的“平等”破坏了我们家庭的和谐。

● 重视创设“长幼有序”的家庭秩序

现在很多家庭的格局都是“四二一”形式，全家上下都围绕着最小的那个人转，不管做什么都以孩子为中心，无论什么事都要以他的意愿为主，这是一个错误的做法，家中的长幼次序已经因此而完全颠倒了。也正是因为如此，孩子才会变得肆无忌惮、为所欲为。所以，我们需要重设家中的秩序，彻底改变那种全家无论大小都以孩子为主的局面。

首先，要将家中的长幼序列列出来，长辈应该在上，中间是我们，最下面才是孩子。同时还要明确称呼称谓，孩子对长辈要称爷爷奶奶、外婆外公、爸爸妈妈、叔叔姑姑、舅舅姨姨，绝对不能用名字代替称呼。当然，我们也有必要给孩子讲讲辈分到底是什么意思。

其次，要改变做事的方向，不要凡事都以孩子为主，而是要合理安排各种家庭事务。并且，对家里任何人都要一视同仁，注意力要平均分配，不能厚此薄彼，这样做将会减少孩子内心那种自以为尊的感觉。

最后，就是用我们自身的表现来让孩子学会摆正自己的位置。就拿吃饭来说，盛饭时，我们要先盛给长辈；吃饭时，要等着长辈动筷子之后，我们才动筷子；如果有好吃的菜，我们要先夹给长辈等等。类似的事还有很多，通过这样一系列生活小习惯的培养，孩子就会明白他并不是家中最大的那一个，自己与长辈之间是有身份差别的，他就会记住自己是小辈，是应该尊敬长辈并虚心向长辈学习的。

另外，在这个过程中，可以用《弟子规》等传统经典来巩固孩子心中对长幼有序的认识，让他明白知道怎样做才是真正的孝敬行为。

● 在孩子面前，父母要摆正自己的身份

关于自己的身份，曾经有很多父母觉得自己应该是孩子最亲密的朋友，但是有一位爸爸却经历了这样一件事：

我一开始也觉得和儿子做朋友是一件很好的事，我们爷儿俩在一起玩闹，特亲热。可是有一天，儿子不知道从哪儿学的，骂了一句很难听的话，我就批评他说他错了。他却生气了，大喊道："你才不是我哥儿们呢！你都不向着我！我不要你这个朋友了！我最讨厌你了！"这是我听到的最让我难过的话了，我是他爸爸，他怎么能这样说我呢？

这就是朋友与长辈的区别。如果是朋友，孩子一旦不喜欢了就可以不理他，即便是朋友的劝阻他也可以不听；但假如孩子心中认我们是长辈，那他就应该以恭敬的心去听从我们的教诲，并认真反思自己的错误。

从这个简单的事例来看，父母必须要摆正自己的身份，不能简单地像对待朋友一样对待孩子，父母是他的长辈，所以无论说话、行事，都要有长辈的样子，可以和蔼亲切，但不能放弃身份；可以与孩子一起欢笑，但不能得意忘形。在家里，父母的话语行为是有榜样性与权威性的，而且对孩子该教育的要教育，该批评的也不能随便应付了事。

同时，父母也是孩子生活中最亲近的老师，如何打理生活，如何更好地生活，父母都要教给他。不仅要教他知识，也要传授他技能，还要培养他的道德。

关于身份的表达，我们要在生活中有所表现。当我们讲话有理有据、做事合理得体、与人相处大方诚恳、为人正直高尚时，即便我们不说，孩子自然就会对我们心生敬畏，并认识到我们在家中的身份和地位。

● 放下家长的架子，尊重孩子的独立人格

凡事都有两面性，与孩子平等相处也一样，并不是说我们完全不能和孩子讲平等，在某些特定场景和时刻，还是可以和他讲一讲“平等”的。

如在彼此进行沟通时，我们就不能摆着高高在上的架子了，这时就要放下身段，坐下来和孩子和颜悦色地聊一聊，要多一些耐心，多一些倾听，多一些彼此间的心灵交流。我们这种对待挚友一样的说话语气与方式，就会让孩子感到放松，从而更愿意与我们沟通。

当孩子遇到委屈感到沮丧时，我们也可以站在他的角度去认同他的感受，告诉他我们与他感同身受，是他亲密的朋友与后盾，这会让孩子的情感有一个发泄的出口，他也会更加信赖我们，并更愿意与我们交心。

我们所追求的平等，应该是放下自己做父母的架子，并尊重孩子的独立人格。与他在一起，我们要表现得像一个有智慧的长者，尊重他的话语权、选择权，但同时也应该给他一些建议与意见，让他既能体会到我们的尊重，同时还能感受到我们的关爱。

权威——不要“伪权威”，有智慧地树立并展现权威才能让孩子信服

如果说前面提到的“平等”，是某些父母一种毫无原则的自降身份的表现，那么这里的“权威”就是与之完全相反的一种表现，却是另一种不算正确的表现。因为很多父母对“权威”这个词认识得并不深刻，甚至误读了这个词的真正含义。

如在有些父母看来，既然身为父母，那么自己就是权威，就是家里的天。所以，不管自己说什么、做什么、想什么，孩子都无权干涉，只能听从。但这明显已经不是权威的表现了，而是变成了“专制”。

如果我们认识不到什么才是自己的权威并且不能正确表达出来，那么孩子也会对我们的权威心生质疑，不仅不愿意听从，甚至还会公然反抗。

我们一方面想要表达权威，但另一方面，通过孩子的表现，我们却发现权威又在不可避免地从我们身上悄悄地溜走。这样的局面显然并不是我们愿意见到的，但这却也在一个又一个的家庭中成为事实。

来看这样几个镜头：

镜头一：

家里的门铃响了，正在做饭的妈妈让儿子去帮忙开门，可儿子坐在那里看着动画片一动不动。妈妈喊了几声，见儿子没反应，她一边抱怨着、训斥着，一边却自己从厨房里小跑着出来开了门。

镜头二：

妈妈要求女儿必须在晚上 9 点睡觉前做完所有作业，还要再做两页练习题。有一天晚上，女儿最终没有做完，妈妈生气地说：“不是让你 9 点以前做完吗？你怎么这么不听话？说话不算数！这么没有自觉性难怪学习那么差！”女儿却在内心委屈地自言自语说：“又不是我说要做完的，明明是你硬给我留的这作业，怎么能是我说话不算话呢？作业那么多，再做两页练习根本不可能啊！”

镜头三：

爸爸原本答应周末带儿子去看航模展，可是他却彻底忘了这件事，等到周末早上儿子问他什么时候走时，他才拍拍脑袋说："啊，我忘了。算了，今天不去了，我约了朋友谈事，叔叔们还等着呢。"儿子噘着嘴说爸爸不守信用，爸爸却瞪了瞪眼睛说："还不是瞎玩，要什么信用！给我好好看书去，要是学习能有这么大劲头就好了。我是你爸爸，我说不去就不去！"

这些镜头中的父母，原本都是想要表现一下自己为人父母的权威的，可是很明显他们的表现出了问题。镜头一的妈妈虽然要求合理，但坚持得不够彻底，反倒给孩子一个信号，那就是"我的话即便是正确的你也可以不听"，这无疑降低了妈妈在孩子心目中的威信；镜头二的妈妈则是凭借自己的权威提出了过高标准的要求，超过了孩子的实际能力，即便她再有权威，孩子也不可能达到她的要求；镜头三的爸爸则是借着权威出尔反尔，将权威当成了自己不守信用的挡箭牌。

类似这样的表现只会让孩子要么觉得我们没什么权威，要么就觉得我们的权威只会用来压榨他，他就会对我们的权威越发不信任。

所以，权威这种东西，我们也需要好好认识一下，它不是可有可无的透明存在，不是我们顶在头上显示身份的官帽，也不是拿来惩戒孩子的戒尺，它应该是孩子心中对我们的一种认可，甚至说是一种敬畏，更应该是我们在教育孩子时的一个有力的辅助。既然如此，我们就要让权威发挥出它应有的作用，以使我们的教育能更贴合孩子的需要。

● **不要太在意自己"老子"的身份**

从成为父母那一刻起，有的人就会很在意自己这个身份，尤其是在教育孩子时，他可能经常会说："我是你老子，你不听我的听谁的！"或者说："老子管小子天经地义！"并进而开始下达一些强制的要求。

但这很明显是我们在以自己的身份去压制孩子，我们只不过是将权威当成了杀威棒，用以杀一杀孩子的威风。可这又有什么用呢？我们"杀"掉了孩子的威风，却并不一定能立刻建立我们的权威，当权威变成了专制，孩子心中就会非常讨厌我们这样的表现，他自然就会起来反抗。

所以，我们还是不要太着急建立自己那所谓的“权威”，我们应该提醒自己要做一个合格的父母，尤其是做爸爸的，不要总是将自己放在那种“老子”的位置上，应该先要正确履行对孩子应尽的义务与职责，要教他学会生活，培养他的技能。当孩子发现能从我们身上学到很多东西时，当他感觉到我们无所不知时，我们的权威也就自然而然建立起来了。

● **父母双方需要一起建立权威**

一个孩子有些懦弱，经常受到班里同学的欺负，爸爸觉得男孩子怎么能这么软弱，便训斥他说：“你好歹也有个男子汉的样子，他们打你你不会打回去啊！”

结果，后来有一次孩子果然还手了，却和打他的那个同学一起受到了老师的批评。老师打电话将事情告诉了孩子的妈妈，妈妈一问之下才知道是爸爸“教唆”的，她气愤地说：“怎么能听你爸瞎说呢？他自己都是个受欺负的主儿！就没见他在单位强硬过！以后不准和别人打架了！”

孩子疑惑地看着妈妈又看看红着脸躲在一边的爸爸，他觉得爸爸真没面子，同时也疑惑，到底听不听妈妈的话呢？毕竟他也不想和爸爸一样。

当父母的教育思想不一致时，孩子就会产生混乱；尤其是当父母双方还要彼此指责对方时，他可能就会钻空子，那时父母的权威就会彻底消失。尤其是在其中一方指责另一方的情况下，那么被指责的那方的权威已经完全尽失。

所以，如果要建立正确的权威，也需要夫妻双方共同建立，这将避免我们对孩子爱得过分，也会避免我们权威欲望膨胀。我们首先要确定正确的教育意见，假如彼此间有不同的意见，应该背着孩子好好进行协商。在孩子面前我们要互相支持，不要彼此“拆台”。而且，我们需要互相进行巧妙配合，要在孩子面前树立起父母的正面形象。

● **要有智慧地表现自己的权威**

不管怎么说，我们在孩子面前都不能失了权威，所以这就需要我们采取有智慧的做法来好好表现。

如有些父母在教育孩子时喜欢长篇大论，其实我们并不需要说很多的话，一些简短而有力的话语就完全可以表达我们的意图，也能让孩子很容易明白道理，这就够了。还有不靠情绪来管理权威，也不要随着情绪的变化不断改变自己的言行与决定。这样我们的权威才能始终有效。

再有就是，别滥用权威，尤其是不要用权威逼迫孩子做他做不到的事情，我们要了解他自身的实力和发展空间，向他提出合理的期望。另外还有，我们一定要做好自己，不管怎样的言谈举动，都要想到身后还有一双眼睛在看着，否则我们的权威就会失去感召力。

其实，“权威”的表达还有很多可用的方法，我们可以学习一些教育名家的观点或者向周围教育成功的父母请教请教，但要注意不能盲目照搬他们的方法，一定要结合自身的特点，同时还要考虑孩子的接受程度，将这些方法重新在我们的家庭中演绎出来，让它内化成我们自己的权威表达。

迁就——如果只一味地顺着孩子，总有一天会把孩子推向痛苦的“深渊”

迁就，就是降低要求、曲意将就。迁就意味着我们可能要放弃自己原本的意愿，并顺着孩子的意愿去发展。但孩子的意愿很可能是不成熟的，或者是错误的，我们盲目的迁就，不仅会让孩子意识不到自己的错误，还会使他变得越来越任性。甚至孩子会因为我们的一直迁就而一次又一次地提出过分的要求，或者做出过分的举动，甚至表现出对我们的不敬。

有个女孩刚上高中一年级，她为人任性，从小性格霸道，也没什么朋友，只有父母迁就着她。

上初中三年级时，因为班上同学有了手机，女孩也让父亲给她买。父亲一开始不同意，她就大闹不止，后来父亲同意给她买个千元以下的手机，可她却依旧不依不饶，最终父亲只得给她买了一部贵一些的手机。但是没几天手机就丢了，父亲好意安慰她，她却反过来质问父亲，为什么不告诉她会发生这种事，她说这是父亲没尽到责任。最终，父亲只得将自己的手机给了她，才算平息了这场风波。

进入高中一年级后，女孩的班上新换了班主任，她不喜欢这个新老师。于是，妈妈就跟班主任老师打了电话，了解了一些情况，可不想班主任却将妈妈打电话的事告诉了女孩。女孩认为是妈妈丢了她的脸，便生气地自己一个人从学校跑了出来，回家后就开始砸东西。父亲帮她向老师请假说她病了，她却说父亲撒谎。后来，她不仅不吃不喝，还闹着要自杀。父亲实在没了办法，最终不得不向心理咨询中心求救，希望他们能帮助自己解决问题。

心理咨询中心的老师通过不厌其烦的沟通才发现，这个女孩从内心深处就瞧不起父母，认为他们给不了她想要的生活，她觉得这个家欠她太多。她觉得父母总是给她丢面子，没考上重点高中也是因为家里没钱。她每天都觉得压力很大，自己也过得不快乐，她认为这一切都是父母的错，自己就是受害者。

从这个女孩的案例来看，正是父母的迁就才最终导致了她的肆无忌惮，让她不但不知道感恩，反而总是从自我意愿出发，只顾着让自己开心。

我们以为迁就会平复孩子的吵闹，可没想到换来的却是他越来越变本加厉的任性。其实，我们对孩子的管教原本是一种约束力，而迁就却恰恰是在给这个约束力松绑，使之越发失去效力。

在有些父母看来，迁就可能并不是什么大问题，他们认为，孩子原本就爱撒娇，有时对他也没必要那么严厉，迁就一下也没有什么。但这也是有条件的，盲目地什么都迁就，就是对孩子的纵容。毕竟，孩子总希望事情能像他想的那样去发展，可是他想的很多事情，可能都是毫无纪律也毫无原则的，所以不能一味迁就，而是要对孩子的言行有一个最起码的对错判断。

● 说出口的话“言出必行”

很多时候，我们对孩子的迁就其实就来源于我们自己的“出尔反尔”。

一位妈妈告诉孩子，“今天只能吃一根雪糕，不能再多吃了”，可是孩子一阵哭闹、一阵讨好哀求之后，妈妈心软了，接着就说：“去吧，只能再吃一根，这回真的不能再多吃了。”孩子答应着，可他心里想的却是：“一会儿要吃再去闹一闹就行了，反正妈妈经不起哀求。”

当我们对自己说出来的话不坚持时，孩子就会抓住这个空隙，试图从这里突破我们的防线，而且他很容易就会取得胜利。

所以，要做到不迁就孩子，我们理应先保证自己的言出必行。尤其是当我们给孩子下了一条禁令，或者是给他提出了什么要求时，我们需要坚持原则。不能一听到孩子的哀求或者看到他的眼泪就立刻心软改变了主意。一旦能确定我们提出来的要求是正确的，就要坚持到底。

● 对待孩子要安静地“以理服人”

一般来说，孩子在想要“破坏”原本的约定时，都会采取撒娇或者哭闹等方式。有的父母要么不停地安慰，要么是板起脸来训斥，但这两种做法的最终效果却似乎都不算好。不停地安慰可能只会放大孩子的委屈感，他会觉得我们这样做就是在“欺负”他，他可能会变本加厉地哭闹，以期让自己的愿望能够满足；而训斥则会让孩子感觉我们是在借着自己的身份来“欺压”他，他会不服气，可又不敢反抗，这也许会增加他内心的不满。

所以，面对孩子想要“破坏”约定或原则的表现，我们需要保持平静，即便孩子哭闹我们也不要附和着让气氛变得慌乱或紧张。我们要用自己的平静来感染孩子，让他也能逐渐安静下来。与此同时，我们还要用平静的语气告诉他，为什么我们不会随便更改已经定好的约定，为什么不会减轻要求的程度，我们要讲得出道理来，而且还要讲得简单易懂。

而讲完道理之后，我们就要该做什么就做什么，不要再多作解释，这也是一种冷处理的方法。同时，我们还可以建议孩子去做些别的事情，转移一下他的注意力，使他不至于总是想要向我们提出无理的要求。

● 对孩子的合理想法要“迁就”一下

一说到不能迁就，有的父母就会对孩子提出来的所有反对意见全部否定，并认为他这就是在“违逆”。但是，有时候我们设下的要求或决定也许并不那么合理，而孩子提出来的异议也许反而更加符合事实需要。

所以，我们也要能区分孩子提出来的要求是单纯地就想无理取闹，还是真的有他自己的见解。我们要允许孩子讲讲他这样想的理由，然后结合目前的情况来分析一下他的理由，如果是正确的，那么我们也要“迁就”他一下，顺着他的意思更改我们的要求。

当然，这个更改一定是和孩子商量之后的结果，我们也要经过认真仔细地思考，不要一听见孩子说出什么来就立刻改变自己的初衷。毕竟他还是孩子，他说的话可能有理有据但却是错的，我们也要有所判断。

● 向孩子展示我们的容忍“底线”

有的父母对孩子的迁就几乎到了不管发生怎样的事都能忍受的地步，就好像是一种屈服，但这就给了孩子越发大胆的机会，他可能会一次又一次地挑战我们的“底线”。与其那样，我们倒不如在一开始就向孩子展示出我们的容忍底线，以提醒他不要轻易去碰触。

比如，关于道德方面的底线，无论什么时候，孩子都要做个好人。所以，当他觉得自己受了委屈就想让我们替他去教训谁这样的想法，他不能有，也不要向我们提出来，他不能试图“仗势欺人”。

前面曾提到过孩子的正确思想，但是对于怎么向我们提出他的意见，里面也有学问。比如，他不能像讨伐敌人一样对我们横加质问，否则这也是在触碰我们的容忍底线。我们是他的父母，即使他要劝谏我们，也应该如《弟子规》所说，“怡吾色，柔吾声”，当然，前提是我们教孩子学过《弟子规》。

金钱与物质奖励——错误的激励方式会让孩子唯金钱与物质至上

今天，很多父母对孩子采取金钱与物质的奖励，如考了好成绩，就奖励100元钱。短期来看，这种奖励方式确实能“激励”孩子学习，但与此同时，他的金钱欲望也被勾了起来，从而错误地认为，学习和考好成绩就是为了得到金钱奖励。当一定数目的金钱奖励满足不了他的欲望时，他很可能就会对学习“撂挑子”。

用金钱奖励刺激孩子去劳动，也是一样的道理。

有一位母亲因为自己的孩子不勤快、不爱劳动而头疼不已。

一天，她从一本书上看到一则“教子妙招”：给孩子钱，洗碗给两元，扫地给三元，洗衣服给五元……这样，一方面可以调动孩子劳动的积极性，让他变勤快，爱劳动，另一方面，也可以从小培养孩子的理财能力，真是一举两得。于是她就使用了这个方法，结果孩子真的勤快了，她非常高兴，以为真的找到了对治疗孩子懒惰的“灵丹妙药”。

几天后，这位母亲洗完衣服后，她对孩子说：“妈妈很累了，好孩子，你把这些衣服拿到衣架上晾一下，妈妈给你五元钱。”可是，孩子头也没有抬一下，就随口而出这样一句话：“今天我也很累，这个钱我不赚了。”这位母亲顿时就愣住了。

这位母亲找到的“灵丹妙药”有效期太短，而且还有副作用。可见，金钱奖励并不是有效的奖励方式。而且，一旦他将所有事都与金钱挂钩，那么他就会搞错学习与生活的方向，他的人生就此可能也会失去意义。

除了金钱奖励，物质奖励也是我们很多做父母的常用的一种奖励方式，如果孩子考了好成绩，我们就会奖励他一个他想要的玩具；他某天表现好，我们就满足他的要求，给他买他想要的零食。

有的父母会认为，我不给孩子金钱给他物质，这就能避免金钱带来的负面影响了吧？

其实，物质奖励也同样会让孩子产生物质依赖。他会将物质也当成是交换筹码，他可能会不断地提升所要物质的价格与数量，并以此来作为好好学习或好好工作的报酬。可这却会使他物质欲望越发膨胀，如果得不到他想要的，他可能就会彻底“罢工”。

所以，金钱与物质奖励，都不是有效的奖励方法，一个使用不当，就会毁掉孩子自我奋斗的意志，使他丧失上进心。

正确的奖励方法很多，为何不选择能更有效促进孩子进步的方法呢？

● 不要盲目照搬他人的“金钱物质奖励经验”

现在很多父母之所以会用金钱或物质奖励孩子，大多都是看了一些别人的经验，尤其是西方教育的经验。但是，西方一些父母在用金钱或物质奖励的同时，还会加上一些其他附加条件。

石油大亨洛克菲勒对自己的孩子们使用的就是金钱奖励，无论是在家是背柴、锄地还是拔草，他们都会获得相应的报酬。

但是，洛克菲勒却要求孩子们要记账，每一笔钱怎么来的，怎么花的，每项开支都要有理由，账本要清楚明晰。而且，在平时的零花钱上，他也对孩子们严格要求，他不仅给他们很少的零花钱，还让他们将其分成“自己花、储蓄、施舍”三份这样来花。

想想看，当我们用金钱来奖励孩子时，是否想过这么多呢？显然大多数父母并没有想这么多，他们想的只是“连世界富豪都用这招教育孩子，那么我这样做也没问题”，并进而去模仿用金钱奖励这个表面的形式。

西方教育模式与我们的教育模式是不相同的，每个孩子与每个孩子也是不同的，也许对某几个孩子来说，这种金钱或物质奖励的确会唤起他想要通过自己的努力来换取报酬的心，可是绝大多数的孩子却可能并没有这样的想法，他们想的只是如何能从父母那里要来更多的金钱与物质。

所以，我们不要不分实际情况就直接照搬这种金钱与物质奖励方式，要根据我们家庭的实际情况，根据我们教育的目的和意义，根据孩子的性格特点，来选择最合适的奖励方式。

● 搞清楚给孩子奖励的真正目的

“为什么要给孩子奖励？”这个问题我们有没有认真考虑过呢？

是要表达我们的喜悦吗？因为孩子做了遂我们心愿的事情，出现了让我们脸上有光彩的表现，满足了我们的要求，实现了我们的愿望，所以我们感到无比高兴才给他奖励吗？还是说，为了能让孩子更加听我们的话？期待用金钱和物质奖励来刺激他做得更好吗？

这确实值得我们思考！

事实上，奖励的目的，是为了让孩子知道，他这样做是正确的，他的表现是值得肯定的。同时，这个奖励还应该带有积极的鼓励意味，这种鼓励一定要能激发出孩子的上进心，使他更愿意为自己、为家人、为了未来而努力，而不是为了获得更多的奖励去奋斗。

当我们弄清楚为什么要给孩子奖励时，奖励就不会是盲目的，也不会是为了奖励而去奖励，我们就能有更深入的思考，也会有更为长远的考虑，而不是随便扯过什么金钱物质来就当成是奖励送了出去。

● 不要在孩子应该做的事上给予金钱与物质奖励

除了奖励目的不清，还有一些父母搞不清楚该在怎样的事情上给孩子奖励。如看见孩子学习有了进步，立刻就给他买新玩具；看见孩子某天帮着打扫了卫生，也立刻给个 20 元、50 元以资奖励。

仔细分析一下，学习是孩子的“本职工作”，即便没有奖励，他也应该为了自己的未来而好好学习；而家务劳动，是每一个家庭成员应尽的义务，他动了动手打扫了卫生，这是再平常不过的一件事。所以，类似这样他应该做的事，再给他很多奖励就是不合理的做法。

不过，在类似学习、做家务这样的事情上，我们可以多给予孩子鼓励，让他能自觉自愿地继续保持下去。如对他的学习，我们可以说：“看到你现在这么努力，我很高兴，知道你的成绩在一天天进步，这对我们都是一个好消息，不是吗？你还会学到更多的知识，照这样的势头下去，也许你的梦想会更快实现。”这样的鼓励会让孩子的精神受到鼓舞，他会将自己应该做的事情做得更好，做到不让我们多操心。

● **可以多用一些精神奖励**

虽然我们不提倡使用物质奖励，但是当孩子有了好的表现时，该奖励的我们也不能置之不理。我们就可以多采用一些精神奖励。

当孩子主动帮助邻居的奶奶拎起了购物袋，我们要夸奖他乐于助人的精神，可以给他一个拥抱，摸摸他的头，或者向他竖竖大拇指，如果是男孩子，和他碰碰拳头也是个不错的奖励方式。当孩子在一些比赛中取得了好名次，那么给他做一顿他爱吃的饭菜，带他去看一场他想看的电影，或者将玩具这样的物质奖励换成书籍，这也同样是很好的奖励方法。

这样的一些奖励，会触动到孩子的精神层面，他的内心会获得愉悦感，尤其是在得到我们的肯定时，他会更加坚信自己的行为是正确的。

其实孩子要的奖励并不难办，他最想得到的就是父母的肯定、表扬与鼓励。所以，在奖励时要满足孩子的内心需求，摆脱金钱物质奖励的死框框。

有父母可能会问："书不也是物质奖励吗？"没错，但是像是书、绘画工具、地球仪、实验用品等，是对孩子的学习成长或能力培养有一定帮助的，所以选择这样一些恰当的物质，也同样会给孩子的精神带去鼓舞。

比较式"激励"——拿孩子跟他自己比，才能真正让他实现自我超越

比较是一种给人感觉很微妙的行为，没有比较，也许人们不会知道好坏高低与优劣；可有了比较，人们也会因为那些好坏高低与优劣而产生不一样的心境。如面对某方面比自己好的人，有的人会羡慕，有的人会感到受到了激励，可有的人就会陷入嫉妒，还有的人则表现出了自卑。所以说，"比较"之下，也会有众生百态。

有一些父母对"比较"情有独钟，他们会经常在孩子身上运用"比较式激励法"，只不过他们似乎只看到了比较所带来的正面效应。

的确，比较之下，表现稍差的人就会看到自己与表现优秀者之间的差距，并可能会以此激励自己努力达到甚至超过优秀的人。可是，很显然并不是所有的人都能这样想，比较一样会带来负面效应，而这种效应在孩子身上会表现得更为明显，甚至会让他对比较、对与他相比较的人深恶痛绝。

一段时间里，网络上曾经流传这样一个很“神奇”的帖子：

“茫茫宇宙中，有一种神奇的生物。这种生物不玩游戏，不聊QQ，天天就知道学习，回回年级第一。这种生物可以九门功课同步学，妈妈再也不用担心他的学习。这种生物就叫做别人家的孩子。这种生物考清华，望北大，能考硕士、博士、圣斗士……他不看星座，不看漫画……琴棋书画样样精通，甚至会刀枪剑戟斧钺钩叉。……这种生物长得好看，鞋子好看，成绩单也好看，就连他的手指甲都是双眼皮的……”

这个帖子一经发出，立刻就引起了众人的诸多共鸣。

有人大喊：“优秀的孩子们啊，请不要让我妈认识你们！”

有人哀怨：“我已经活在这些不明生物的阴影下10多年了！”

还有人牢骚：“真想成为别人家的孩子，免得爹娘一看我烦！”

……

别人家的孩子，那个让孩子比较的“模板”，曾经给多少孩子留下了心理阴影？以至于这些已经长大甚至成年的人，还依然记挂着当初父母在将自己与他人比较之后所发的牢骚以及所进行的教育。

可见，我们擅自将孩子与其他人进行比较，并不一定会对他起到激励的作用。因为比较过程中，我们只不过是在不断陈述他人的好，以反衬自家孩子的不好，这只会让他感觉到难堪，很难从这其中受到什么激励。

想想看，当我们在将孩子与其他人进行比较时，他有没有表现得很不情愿？他是不是十分不服气？有没有过突然大喊“那你去找别人家的孩子好了”？如果有，这就已经表明孩子对这样的比较很反感了。这时我们就不要再引用所谓的“比较机制”了，别再将目光总放在别人的身上，也该好好地看一看我们面前的这个只属于我们的孩子了。毕竟，我们是想要帮他进步，并不是想要通过他人的好来羞辱他不是吗？

所以，比较式激励并不是很好的激励方法，我们家的孩子终究不会变成别人家的孩子，他也会拥有专属于自己的特点。

若要想让孩子真的能进步，我们应该从这些特点去入手。

● 尽量从正面去给孩子激励

很多父母很喜欢“旁敲侧击”，我们的初衷，是想让孩子通过看到他人的好，从而产生奋进的心。但孩子也是有自尊的，我们总是用他人的好来反衬他的缺点时，羞愧感就会战胜他想要奋斗的心。

所以，如果我们真的想要激励孩子，就不如直接从正面去给予他激励。如当孩子学习遇到困难时，不要说“看人家××多么不怕困难，你看看你，快别这么胆小了”。而是说“遇到困难的确很糟糕，不过我坚信你能凭借自己的努力战胜它，我会一直支持你”。

显然后一种激励是正向的，至少能在精神上让孩子觉得我们是和他站在一起的，由此也许他就会受到鼓舞。如果我们在正向激励之后还能再给他提供一些解决问题的建议或提示，这将能帮他更快更好地解决问题。

不过，关于正面激励我们也要把握好度，尤其是不能唱太高的调子，不要像喊口号一样说出太过“激昂”的话。如孩子原本就被难题难住了，我们却说：“你一定没问题，我知道你最棒！你肯定能解决问题！”这话就已经不是激励了，反倒会让孩子觉得那是压力，就好像是给他扣了一顶大帽子，让他不得不硬着头皮去与难题硬碰硬。因此，即便是正面激励的话也要说得委婉，要让孩子有所思考，让他能从中听出鼓励的意味来。

● 可以鼓励孩子向其他做得好的人学习

虽然我们不要拿孩子去与其他人比较，但别人身上的优点我们也不能就这么白白放任它溜掉。所以，我们可以换一种方式让孩子去注意到这些优点，那就是引导他向他们学习。

一位妈妈就是这样做的：

儿子学习倒也算认真，可能是学不得法，他的成绩总是有些让人头疼。

看到邻居的孩子学习很好，妈妈便对儿子说："我很欣赏你的努力，不过如果你能再学些技巧就更好了。其实邻居的孩子在这方面表现挺好的，要是有了他的帮助，也许你就能进步得更快，多个朋友也多条路嘛！你觉得呢？"

这就是位有智慧的妈妈，她肯定了孩子的努力，并向他提供了一个学习的好机会，同时也巧妙地将邻居孩子的优势提了出来，还借此帮孩子打开了一条交友之路。这样的鼓励自然能引起孩子对自身的进步、朋友的向往，他也就不会被比较所困扰了。

● 要多对孩子进行纵向比较

凡事没有绝对，并不是所有的比较式激励法都会引起孩子的反感，有一种"比较"却恰恰是激励他前进的比较好的方式之一，这就是纵向比较。

所谓纵向比较，就是不去看别人做得如何，只专注于孩子自己从以前到现在的发展，这样我们就能更容易发现孩子的进步。如之前他做数学题做 10 道会做错一半，但现在他只会做错一两道题，这就是个很大的进步，说明他认真了，对知识的掌握比之以前要细致了许多，解题时的熟练程度也提高了。这样一比较，我们不是应该好好夸奖并鼓励他一番吗？

在进行纵向比较时，要多看到孩子的优点，不要总去找他依然有什么毛病没改，也别动不动就说他"原地踏步"。不管多么小的进步，也代表着他的成长，只有抓住这样的进步，才能从中发现孩子的努力，才会发自真心地去鼓励他，而他也才能从中获得激励，并争取有更好的表现。

● 偶尔也将孩子当成是"别家孩子"来看

我们眼中总是看到别人家的孩子多么优秀，是因为那个孩子是别人家的，而不是我们的。所以，我们看到更多的是他的优点。既然如此，偶尔也转化一下视角，把我们的孩子当成是别家的孩子，也许就会发现自己孩子也会具有"别人家的孩子"的特质。

孩子放暑假时，忙于工作的妈妈将他送到了亲戚家，请亲戚帮忙照看一阵子。半个月后，妈妈工作不太忙了，便去接孩子回来。这时她听到亲戚不住地夸道："这孩子经常帮我干干活儿，还总是主动帮我买东西，平时也不吵人，没事儿就抱着书看，越来越是好孩子了。"

妈妈一阵惊讶，因为她从来没注意过孩子的这些事情。后来仔细想了想，妈妈发现果真如此，孩子学习成绩虽然不拔尖，但的确很爱劳动，经常帮自己做家务活儿，以前总觉得他看课外书太多，可换个角度想想的话，爱看书的孩子也不错啊！妈妈忽然有种像是在看亲戚家的孩子的感觉，原来换个角度去看，自己的孩子也一样是个好孩子。

当我们太过注意别人的孩子时，自然会很容易忽略自己的孩子，所以偶尔把自己的孩子也归入到别人家的孩子的行列，想想他身上有什么可以拿来为人所学的"资本"，我们也会更容易发现孩子的可爱之处。

陪读——不做他事，只为照顾孩子，即使孟母见此也会"自愧不如"

陪读是现今社会上一种非常普遍的现象，绝大多数的父母可能都做过"陪读"这份工作。有的是因为孩子年龄小不知道学习，父母得在一旁引导；有的则是由于孩子学习不认真，没有父母看着，他就彻底不好好学习；还有的则是为了能给孩子一些帮助，及时在一旁答疑解惑；再有就是一些父母看到别人都陪着孩子读，自己不这样做有些说不过去……

因此，现今的陪读现象也被分出了门类，分别是监督陪读、生活陪读、攀比陪读和盲从陪读四种。

监督陪读，是最常见的一种陪读方式。当父母对孩子的自觉性不放心时，就会用这种陪读方式。为了不让孩子在该学习的时候随便玩，不让他受到网络、动漫、游戏、小说等事物的吸引，为了他能将作业好好地完成，父母就会在他学习的时候坐到他身边，一边做着自己手里的活儿，一边看着他学习。一旦他思想溜号，或者干起了别的，父母就可以立刻予以制止或当场进行教育。

生活陪读，就是父母主要从衣食住行等生活方面给孩子全方位无微不至的关怀，这类陪读主要出现在孩子初中、高中，尤其是出现在那些学校离家远或需住校的孩子身上。现在很多孩子是独生子女，父母担心孩子无法照顾自己，就会跟着他的学校“走”，要么搬到学校附近，要么是在学校附近租房，只为能陪在他身边，照顾他的生活起居。

攀比陪读，这种陪读其实只是父母自己的心理在作怪。看见有的孩子在父母陪读之下成绩有了提升，那么父母此时可能就会想要自己的孩子比他有更大的进步，于是带有攀比心理的陪读便也随之而来。而这样的陪读过程可能会让孩子比较痛苦，因为父母是带着攀比目的来的，所以可能就会不断地提醒孩子要比别人做得更好，这可能就会加重他的心理负担。

盲从陪读，这种陪读方式可能就比较让人费解了，这纯粹就是一种跟风陪读。自己没有什么目的，只不过是看着其他父母都在陪着自己孩子读书，如果自己不陪似乎有些不合群。而且要说起来，自己似乎也有些不大放心。于是，几番犹豫之下，便也加入了陪读的行列。

关于陪读，有一些父母已经产生了各种各样的疑惑或问题。

一位妈妈就说，自从孩子开始上小学，他们夫妻二人就变身成为陪读父母。因为孩子刚上一年级，各方面都不太进入状态，如果没人看着，他一定不会主动做作业。于是，每天吃完晚饭，他们夫妻二人就轮流看着孩子，结果这一看就是3年。

孩子上学的日子，夫妻俩觉得劳累无比。原本他们有时还需要应酬，也会有自己的工作要做，但一想到孩子，就会将所有时间都充分利用起来。孩子写作业，他们就在一旁看着，时不时地还提醒一句，或帮他解答问题。结果，夫妻俩感觉每天下班后的生活似乎比上班还要紧张。

妈妈还发现，孩子越发依赖他们，只要他们没有坐到书桌前，他就不会主动做作业，他将父母坐到书桌前的时间当成了开始写作业的时间。如果有哪天他们要先忙手头的工作，那么孩子就会懒懒散散地玩，就是不会自己主动去写作业。

陪读，原本是想陪着能起个监督或提醒的作用，结果却带给了孩子一种误解，使他对我们形成了依赖心理，反而越发不愿意去专心学习，这显然是一个适得其反的效果。而这也恰恰就印证了一点，那就是陪读可能并不可取。

关于陪读，甚至还有更严重的事情发生。

2018 年 11 月 22 日下午，济南一大学生把陪读母亲残忍杀害。该男生在一所高校读书，他的母亲就在学校附近的小区租房陪读，并在一家超市找了份工作，在受害前几天，她愁容满面，好像有心事，听说是儿子被学校开除了。受害当天，她下午 6 点多从超市下班，在回去的路上就发生了惨剧，具体原因不得而知。其儿子行凶后逃离现场。当晚已经被抓获。

尽管“虎毒不食子”，可“子毒”会毫不留情把母亲杀死。先不论到底是什么原因导致儿子杀害陪读母亲，但大学生还需要母亲陪读，显然是存在某种问题的，值得深思。最好的疼爱是放手，大学生早已具备独立生活条件，过度的“照顾”往往适得其反。

所以，我们不如换一种心态，将陪读换成是“培读”，培养孩子自己学会读书，并学会自己主动去读书，这才是正确的教孩子学习的方法。

● 培养孩子对学习的热情与兴趣

孩子在做一件事前，都会看看自己对那件事是否有兴趣，如果感兴趣，那么他做事的热情自然也会高涨，否则他会连碰都不愿意碰那件事一下。我们之所以这么累地陪读，就是因为孩子自己并没有学习的兴趣，这才使得我们不得不看着他并逼着他。

与其那样让我们和孩子两方都觉得累，倒不如培养出他对学习的热情与兴趣，使他自己主动去学习。

类似于热情和兴趣这样的东西，并不是我们说让孩子有他就能有的，我们也没必要去硬逼他，否则他会更加讨厌学习。完全可以多向他展示学习的好，让他看看学习能带给他什么，如学习可以让他认识更多的字，于是他就能看更多的书，进而他就可以了解更多的知识，也能理解更多的道理，并进行更多的思考。

我们也可以用自身的学习经历给孩子讲讲学习都有哪些乐趣或者让他感受一下知识在生活中发挥的巨大作用，引导他用已知的知识解决一些小问题。通过这一系列活动，相信孩子对学习的态度会有一定的改观。

● **提升孩子的综合生活能力水平**

学习并不只是读书做题这么简单，其实学习是一个很大的范围。但是我们却人为地将学习限定在书本知识学习之上，并直接忽略了对孩子进行其他方面的学习培养。于是，我们便不得不一边督促着他的学习，一边还要不惜陪读来照顾他的生活。

这种生活陪读没必要，只要我们能提升孩子的综合生活能力水平，使他不管遇到什么事都能轻松应对，那他自己会轻松，我们也不会那么累。

所以，除了书本学习，我们也要让他好好学一学怎么生活。如如何穿衣、刷碗、叠被、洗床单，如何整理书柜、为自己准备简单的饭菜，怎样合理支配手中的钱财，怎样安排自己的学习与休息时间，等等。当孩子一开始就能具备这样的能力时，不管他离我们多远，他都能够基本照顾好自己，我们还有什么好担心的呢？

● **变“陪读”为和孩子“一起读”**

虽然孩子有了学习的热情，虽然他能自己照顾自己，可是我们也许依然不放心，依然担心他在学习上会被人落下。其实这也是每位做父母的人的正常心理，将心比心来说，这也是人之常情。

不过，我们完全没必要用“陪读”的方式表达出来，倒不如和孩子“一起读”。也就是每天吃完晚饭后，我们不要直接就窝进沙发里开始看肥皂剧或者无聊的综艺娱乐节目，也别和朋友们高谈阔论，更不用找各种借口死盯着孩子。只要我们也拿起一本真正有意义的书，坐在一边认真地看，那种氛围就会自然使孩子受到传染，他也就不好意思再玩了。

与孩子的距离不要太近，也别太远，刚好在我们能看到他，他也能感受到我们的位置就好。我们要看的书一定是有意义的，不能是随便一本八卦娱乐杂志（在孩子眼里，这是休闲，不是读书），也不能是什么无聊打发时间的小说，可以是洗涤心灵的散文集、社科经典，也可以是我们想要学习的某一门新知识。我们认真、好学、读好书的表现，才会真正影响到孩子。

● **相信孩子自己处理问题的能力**

一位父亲这样解释他陪读的原因：

我也不想陪读，可是我女儿对学习不太自觉不说，她可能会遇到各种问题，不是这里出了错，就是那里不会做，如果我不在她旁边，她一定做不出来。我陪着她，除了看着她，还要给她一些帮助，所以我觉得陪读还是挺有必要的。

可是，我们怎么那么确定孩子就做不出来呢？依据是什么？有的父母说，自己的孩子谁不知道。没错，可是我们知道的也许就是他在我们的陪同之下的表现，而我们所不知道的，就是他那深不可测的潜力。

所以，我们应该相信孩子，相信他可以自己处理问题的能力，无论是学习上的还是生活上的，他都会有办法去应对。当他学习遇到了问题时，如果从一开始我们就不告诉他怎么办，那么他就必须要自己去寻找问题的答案，这时他的大脑思维就会被充分调动起来，直到他彻底解决问题；当他生活遇到了问题时，我们可以用自己的经验给他指点，但也不要插手太多，这样他才会积累自己的经验，才能学会自己照顾自己。

最终，我们给了孩子足够的信任，他逐渐就会变得独立起来，到那时无论是学习还是生活，就真的用不着我们操心了。

家务劳动——别让孩子排斥家务劳动，他会从中得到真正的历练与成长

提起家务劳动，很多人脑海中浮现的都是妈妈围着围裙辛勤劳动的样子，似乎家务劳动已经变成了“妈妈”的代名词。但事实上，仅从字面意

思来看，“家务劳动”就意味着家庭中的劳动，那么家中的每一个人都有劳动的义务，不仅仅是妈妈有，爸爸也要有，当然孩子也不能例外。可是，在很多家庭中，家务劳动却与孩子无缘。

合肥市某小学的潘同学在老师的指导下随机做了一次“小学生为了什么做家务”的调查，一共收回171份有效问卷，其中学生108份，父母63份。

在接受调查的108位学生中，从对待家务劳动的态度来看，53.75%的学生认为应该参加家务劳动，35.2%认为要适当参加，只有10.2%的学生认为无所谓，0.9%认为不必参加。可在实际行动上，却只有1/3的学生经常做家务，61.11%的学生偶尔做，5.56%的学生则从来都没做过。

而63份父母问卷所提供的数字更令人吃惊，这些问卷显示，84.13%的学生在家偶尔做家务劳动，3.17%从不参加，只有12.7%的学生经常在家劳动。

至于说为什么要参加家务劳动，8.3%的学生给出的原因是可以“获得报酬”，5.56%说是被父母强迫的，大约有24%的学生选择“关心父母、替父母分忧”，49%选择“锻炼自理能力”。

虽然有47.6%的父母认为孩子参加家务劳动不应该给报酬，可实际上，却有57.14%的父母在孩子参加家务劳动时是给了报酬的。

12.7%的父母认为，参加家务劳动会影响孩子的学习，而大约有七成的学生却认为，家务劳动并不会对学习造成什么影响。

从这样的一组数据来看，不得不说在很多家庭中，孩子参与家务劳动这件事似乎并没有被重视起来。对于这样一项原本是家庭中所有成员都该尽到的义务，我们却要将孩子排除在外，而正是我们这样的态度，才导致孩子自己对家务劳动也产生了无所谓的态度。

在有一年的京津沪渝四市德育研讨会中，曾有专家也进行过类似的调查，抽样中小学生3188人，其中对家务劳动的看法就各有不同，67%的学生认为家务劳动是有意义的，对其也有兴趣；19%的学生觉得家务劳动有意义，可是自己没兴趣；只有7%的学生认为家务劳动没有意义，对它也没兴趣；还有7%的学生认为“家务劳动傻傻的”。

孩子为什么会觉得“家务劳动傻傻的”？也许就是因为很多父母经常跟孩子说一句话，“只要好好学习，别的都不用你管，什么也不用干”，所以孩子才不能对家务劳动产生正确的认知。但实际上让孩子做点家务劳动，反而十分有助于他的学习。

哈佛大学一项长达 20 年的研究表明，爱做家务的孩子跟不爱做家务的相比，就业率为 15 ∶ 1，收入比后者高 20%，而且婚姻更幸福。

中国教育科学研究院对全国 2 万个小学生家庭进行的调查也表明，做家务的孩子比不做家务的孩子，成绩优秀的比例高 27 倍。认为“只要学习好，做不做家务都行”的家庭中，子女成绩优秀的比例仅为 3.17%，而认为“孩子应该做些家务”的家庭中，子女成绩优秀的比例为 86.92%，两者相差悬殊。还有很多实例证明，想要孩子成为精英，让他做家务是必不可少的。

我国流传甚广的《朱子治家格言》开篇第一句就是：“黎明即起，洒扫庭除，要内外整洁。既昏便息，关锁门户，必亲自检点。”这足见古人对“让孩子做家务”这件事的重视程度。

晚晴重臣曾国藩曾说过：“看一个家庭是否能够兴旺发达，只要看后代是否能做到三点：一是看是否早起，二是看有没有做家务劳动，三是看是否读圣贤书。”早起做家务，读圣贤书，对一个人的成长、成才非常关键、至关重要，自古至今，都是如此。

想想看，一个人家务懒，学习能勤吗？适度家务劳动非常有必要，一方面是学习生活的劳逸结合，另一方面也会让孩子生起对父母的感恩心，从而更加努力学习，即“习劳知感恩”。

可见，家务劳动并不是什么“傻傻的”活动。相反，这其中蕴藏着很多生活智慧，可以说这是一个人能够正常、平稳、安定、有序地生活下去的保证。而且，孩子在家中也不能总是在学习，家务劳动也会成为让大脑得到休息的方式，还能锻炼和提升他的自理能力、动手能力、手脑协调能力等。并相家务劳动也是在帮他提升生活技能，增加生活阅历，他也会养成爱劳动的好习惯，会强化对家庭的责任感，还会体会到父母操持家庭的辛苦，从而懂得关心、体贴父母，更有孝心。不得不说，做家务的确是一项让孩子受益终生的行为。

可能在我们看来，家务琐碎无趣，但在孩子那里，这却是他体现自我价值的重要表现，而他也会从中找到属于自己的快乐。实际上，会做家务劳动，也是孩子所不可缺少的一项个人能力。

因此，我们也要像重视孩子的学习和其他能力培养一样，重视起对孩子进行家务劳动能力的培养，多鼓励孩子在家里动动手，引导他积极地做一些力所能及的家务活，让他体验劳动的乐趣，成为一个劳动小能手。

● 将所有家务事合理分配给家庭成员

生活中，一些妈妈将家务劳动单方面看成是自己的义务，于是把所有家务活都揽了过来。而爸爸可能也觉得，“男主外女主内”，妈妈就该多做些家务活。孩子在这样的环境影响下，自然也就对家务劳动不闻不问。

其实，做妈妈的应该改变家中所有人对家务劳动的态度，将家务劳动的担子从自己的肩膀上卸下来，并摆放在所有家庭成员的面前。可以召开一个家庭会议，大家一起商量着将家务劳动进行合理分配。如洗衣服、打扫房间的事归妈妈，清理厨房、卫生间卫生的活儿就可以分配给爸爸，而倒垃圾、整理杂乱屋子的事情就可以交给孩子。

可以列一个表，把每个人要做什么都明确地列出来，并贴在家里明显的位置，以提醒家中所有人都要尽到自己的责任。

在做家务的时候，我们要注意只做好自己的就可以了，不要顺手帮孩子做了他该做的事情，否则这份家务分配表的效力就没有了。我们应该用自己尽职尽责的表现，来引出孩子也想要尽职尽责的心愿。

另外，这个任务表也要随时间变化而变化，因为孩子在不断地长大，他能做到的事情越来越多，我们可以逐渐调整家务劳动的“归属”，逐渐让他也能做一些需要技巧、力气或头脑的事情。

● 将家务劳动的基本要领教给孩子

家务劳动也有一定技术技巧的，如最简单的扫地，怎样扫才会扫得干净，怎样扫地才能节省时间，如何扫地会比较省力……这都是劳动经验，我们也要将这些经验教给孩子，让他不仅要能参加家务劳动，还要会劳动，使他不至于因为不得要领而添乱。

这种教授不需要太多的言语，我们只要一边做一边提醒孩子注意哪些地方就可以了。我们的示范要到位，对于孩子的问题也要及时解答。不过，孩子都有奇思妙想的能力，所以当他想到更好的方法时，我们也不要觉得他是在胡闹，可以按照他说的去做一做，如果更省力、更省时间，倒不如就按照他说的去做。而且，由于省力的方法是孩子自己想出来的，他也会更愿意去使用，他的劳动积极性也就被调动起来了。

● 提醒孩子要多注意自己的健康与安全

虽然家务劳动可以锻炼孩子的动手能力，有时还能引发他的奇思妙想，但是孩子都有好奇心，也有冒险精神，他可能希望自己也能做像爸爸做的那些工作，如清理煤气灶、拆卸抽油烟机，用某些清洁剂清理浴缸、马桶，登高打扫房间，等等。

要提醒孩子，做家务不是在搞探险，也不是让他猎奇，不管要做什么，他都先要保证自己的健康与安全，不要从事超出自己能力范围的劳动。家中已经列好了劳动任务表，他只要认真做好自己该做的就可以了。不过，我们在做的时候可以允许孩子在安全距离观看，也可以让他打打下手，对他提出来的问题也要好好地回答。毕竟有些事虽然孩子现在不能做，但未来也许就需要他自己亲自动手，所以提前的知识传授也很有必要。

● 引导孩子自然体会家务劳动的快乐

关于孩子参加家务劳动这件事，我们的有些态度是不太正确的。比如，有的妈妈自己忙碌不堪，坚决不让孩子动手，可是却总是不停地数落孩子“不懂得体谅，也不知道帮忙”，而孩子一旦想要动手时，她却又坚决地反对，直说“你净给我添乱”。

当我们自己都这么矛盾时，孩子自然也会不知所措，家务劳动不仅会成为我们的负担，也会成为孩子厌恶的对象。

所以，当孩子表现出对家务劳动的兴趣时，我们不要拒绝，完全可以让他做下去，而我们要有智慧地引导他正确地去做，让他体会到劳动的快乐。

不过，我们也不要强迫他去做，不要说“你看你也不干活儿”这样的话，孩子做每件事都需要兴趣，虽然家务劳动是义务，但他并不会这么看。所以，我们倒不如偶尔也服个“软”，向他“求助”，如说“要不要来帮妈妈择菜”，或者说“活儿有些多，妈妈一个人做不完，能帮忙吗”？类似这样的一些求助能更好地让孩子感觉到自己在家庭中的位置，他会觉得自己也是能为家里做点事的，这时不用强迫他也就会主动去做了。

● 培养孩子做家务的意识，帮助孩子逐步自理

调查显示，我国小学生每天做家务的时间只有 12 分钟。原因很多，如对孩子过分娇宠而舍不得让他做家务；觉得孩子会因做家务而耽误学习；认为孩子太小干不了家务，可能越帮越忙；担心孩子伤到自己、弄脏衣服……慢慢地，孩子就会认为家务与自己无关。

事实上，每个孩子天生都是勤劳的，都是愿意做家务的，他从小就有做家务的热情。还记得吗？当我们在洗菜、扫地的时候，才两三岁的孩子是不是也会非常积极主动地过来想要抢着做？但我们在孩子愿意做家务的时候拒绝了他，等到他渐渐地不能再接触到家务而又变得“贪图享受”，不再喜欢参与家务时，我们却又抱怨他懒惰，不知道为我们分担！说得严重些，所有的懒惰的孩子都是父母造就的，小时候他想做家务的时候，父母嫌他添麻烦，不让他做，等到他大了再想让他做的时候，他的热情已经过去了，“小懒虫”已经养成了。怎么办？所以，趁着孩子还小，他还想做，那就赶紧给他机会做……

如果孩子已经“懒惰”了，又该怎样培养他做家务的意识，帮他逐步自理呢？

第一，让孩子明白，做家务是家庭每个成员都应尽的义务，不论年龄大小，既然是家庭中的一员，就都应不例外地承担一定的家务。

第二，给孩子制定一份家务活清单，明确他应该做的具体家务。

第三，妈妈不要做“女汉子”，不要在孩子面前一味地显示自己的强大，而是适当向孩子“示弱”，请他帮忙，他就会在这个过程中体验到被需要、被重视的感觉，从而变得更主动，更强大。

第四，给孩子做示范，孩子做不好是正常的，这正是机会教育点，把正确的方法示范给他，下次他就会做了。

第五，适当奖励，但不要用金钱奖励。有的父母给孩子制定了“家务工资表”，这种方式短期有效，但难持久，因为这会刺激和增长孩子的金钱欲望，当他某天感觉“工资”与家务活不等价或是不想赚钱时，就会拒绝做家务。所以，奖励应该是精神上的，如他做完后，给他一个拥抱，对他说类似“帮了妈妈的大忙了，妈妈很高兴”“你真是长大了，懂得分担家务了”之类的话，这会让他感到极大快乐，从而爱上做家务。

● 不同年龄段的孩子承担的家务劳动应有所区别

考虑到孩子的实际能力，不同年龄段的孩子所承担的具体的家务劳动应有所区别，如：

2—3 岁，收拾玩具、吃饭分筷子、帮忙拿小件物品；

4—5 岁，饭前摆放碗筷餐具、饭后收拾碗筷餐具、妈妈洗碗时帮着打下手、试着洗自己的小件衣服；

6—7 岁：扔垃圾、擦桌子、扫地、洗碗、叠衣服、收拾床铺、浇花、喂宠物；

8—9 岁：盛饭，到信箱里取信件或报纸，在厨房打下手，自己准备上学的书本、文具、衣服，把买回来的食物、杂物归放在固定的位置；

10—11 岁：做简单的饭，整理房间，使用洗衣机，换床单、被罩，擦洗车子；

12—13 岁，做饭，去超市购物，清理冰箱、灶台。

以上安排仅供参考。因为每个孩子的成长情况不同，有的孩子可能只有七八岁就已经学会做饭了。所以要根据孩子的实际情况而定，原则是由简单到复杂。此外，一定要注意安全，凡与电、天然气、火、开水等有关的，必须事先教给孩子正确的使用方法，同时告诉他可能存在的安全隐患，让他在做家务时多加注意。

软暴力——无形的暴力，对孩子是精神的折磨和心理上的虐待

软暴力，就是区别于肉体暴力的精神暴力，一般指由于语言、表情、情绪的不友善对他人造成的伤害。而家庭教育中的软暴力通常是指，父母经常对孩子说否定性的语言，或者常常给孩子脸色看，让孩子总是处于紧张、恐慌、烦躁、压抑等状态。时间一长，孩子不但会心生消极情绪，甚至会产生心理疾病。

近年来，有越来越多的父母对孩子实施着软暴力，孩子脸上不再洋溢童年的快乐，而抑郁症、狂躁症等精神疾病的患者也逐渐出现低龄化趋势。到底是哪里出了问题？是不是现在的父母要求越来越高？还是现在的孩子的确不争气？父母为什么不对孩子说一些让孩子轻松的话，而总是要用自己的坏情绪和语言刺激孩子？

仔细观察就会发现，软暴力实施的情况不外乎以下几种：

第一，当孩子达不到父母的要求时，父母就用语言刺激孩子，潜意识里还希望孩子能够进一步努力，而父母还把这种做法称为“激将法”。

第二，父母工作生活压力较大，自身情绪常常不稳定，又不懂得克制或自我化解，于是就把自己的坏情绪如传染病一样传播给配偶和孩子。

第三，父母从小生活在软暴力的家庭，习惯说讽刺、贬低、埋怨、挑剔的话，自身也没有什么底蕴，常常把情绪肆意喷向孩子。

其实，这三种情况的共同点就是父母本身涵养有限、修养不高，才会导致自己不知不觉地对孩子实施软暴力。

初为人妻的小 A 总是觉得自己生活得不快乐。

原来，她成长于一个有着软暴力的家庭。从她记事起，父亲就很“专制”，家里的事情都由父亲做主，母亲一句话也不敢说。父亲在外面遇到不高兴

的事情，回来就和母亲拌嘴，言语中带有嘲弄、讥讽和不满。而母亲从来不敢言语，却偏偏在父亲不在家的时候冲小 A 撒气，动不动找个小事训斥小 A 一顿，还不让小 A 反抗。

小 A 从小就生活在这种阴影之下，听完父亲的吵闹之后就是忍受母亲的火气。于是，小 A 形成了表面上很骄傲内心自卑的性格。

长大之后，小 A 为了尽快逃离这个充满软暴力的家庭，就找了一个脾气很好的男士结婚了。但是，只是因为丈夫脾气好而选择，并不是因为有感情才选择，所以生活得不快乐。

而现在这个时代，像小 A 一样遭受软暴力的孩子不在少数。

有的孩子因为学习成绩不好，经常被父母贬损："你这么笨啊？人家能考 90 分，你就不能？""你怎么回事？我真怀疑你智商够不够！""你还有脸让我给你买零食，你看看你自己考好了没有。"有的孩子莫名其妙地就会遭到父母语言的攻击，听到类似"去去去、走开，我烦着呢！别在这烦我！"有的孩子还常听到父母说"你要是这次考不了 90 分，看我怎么收拾你""你要是再不听话，就别怪我不客气"等类似威胁的话。

问问自己，有没有对孩子说过这样的话？次数多不多？如果这些否定性的语言已经成为与孩子交流的主要方式，那就标明，孩子正在遭受着软暴力的侵袭。而当这些"不中听"的语言频频在孩子的耳边响起时，他会得到非常消极的心理暗示，并把这些负面的评价不加识别地内化到自己的意识里，进而会不自觉地表现到行动中。最终，他会成为名副其实的"笨蛋""弱智"和"没出息的人"。

所以，我们要警惕自己语言和情绪对孩子的伤害，不要用这种软暴力对孩子进行精神折磨和心理虐待。

在教育孩子的时候，我们应尽量做到以下几点。

● 学会控制自己的坏情绪

每个人都在生活中会遇到种种不顺，会引发情绪的不稳定。但如果一个人不懂得控制情绪，坏情绪就会立刻蔓延，传染给别人，而对方也会反射回来更坏的情绪，最后，随着情绪的波及，矛盾形成了，然后再升级成“战争”，最终导致两败俱伤。

所以，我们要做一个有能力控制自己情绪的人。这样，孩子不会因为我们的不理智而受伤害，我们也不会遭受孩子反馈回来的伤害。

男孩的爸爸是某大型企业的部门主管，工作事务繁忙，压力也很大。但他坚持要给妻儿轻松的家庭生活。所以，他每天离开办公室时都对自己说：“好了，就把今天的工作留在这吧，明天见！”

在开车回家的路上，他会听听轻音乐，并一直保持微笑，他在微笑的一瞬间感觉轻松了很多。等到他走到家门口的时候，会深深地呼吸一下，暗示自己要给妻儿开心的脸。因此，每次男孩看到爸爸回来，都会高兴地跑向爸爸，爸爸也会一下子把他抱起来。

有时他实在太累，或者有尚未处理完的公务，就会少陪男孩一会儿。回书房前，他会对男孩温和的说：“儿子，爸爸今天有点工作还没做完，你和妈妈玩吧！爸爸忙完再来找你！”

能温和地对待自己的儿女，说明父母很有涵养，而有涵养的父母一定会养育出一个身心健康的孩子。所以，为了孩子的一生，父母要从控制情绪开始，提升自己的修养。

● 要转变自己的语言模式

一位智者曾经说过：“少说抱怨的话，多说宽容的话，抱怨带来记恨，宽容乃是智慧；少说讽刺的话，多说尊重的话，讽刺显得轻视，尊重增加了解；少说伤害的话，多说关怀的话，伤害形成对立，关怀获得友谊；少说命令的话，多说商量的话，命令只是接受，商量才是领导；少说批评的话，多说鼓励的话，批评造成隔阂，鼓励激发潜能。”

相信这段话也一定能够给为人父母的我们一些教育启示。

当孩子做错事时，我们应该用宽容的态度帮助孩子改正，而不是时时抱怨，抱怨只会让孩子反感；当我们希望孩子做一件事情的时候，不是强硬地命令，而是温和地表述，相信孩子一定会更愿意接受；当孩子成绩退步时，我们的激励远比没完没了地批评更能激发孩子的进取心。

有智慧的父母对孩子说话时，会常常用肯定词代替否定词，比如：“笑笑，来给妈妈帮个忙。”而不是：“笑笑你不要再玩了，赶紧过来给我帮忙。”聪明的父母面对孩子的错误会“纠正”，而不是“纠错”，会说：“小莉，来，让妈妈给你示范一下，这个鞋应该这样洗。”而不是：“这个鞋不是这样洗的，你怎么连鞋都不会洗，真不让我省心。”懂得扶持孩子的父母，在孩子完成一项任务后，首先会肯定孩子的行动力，而不是立刻挑出不足埋怨孩子一通……

不可否认，软暴力往往要比肉体暴力更伤害人，那是直击心灵和精神的“武器”，会使接受者变得懦弱、狂躁、无助和自卑。而我们如果对孩子实施软暴力，无疑是对孩子的折磨和虐待。因此，我们要尽快转变自己的语言模式，让自己的语言和情绪成为有利于孩子成长的工具，而不是让孩子在父母不良的语言和情绪中紧张和彷徨。

既然如此，那就用智慧说出真正帮助孩子成长的语言吧！相信这样的教育出来的孩子，是不会让我们失望的。

优雅与风度——不能融入群体的“优雅”与“风度”，只会“鹤立鸡群”

随着物质生活的日益丰富，人们将关注点转移到精神世界，开始追求更高的品位与兴趣爱好，关注个人修养与外在气质，甚至连孩子也要求优雅而又有风度。走在街上常看到衣着时尚的父母领着一个“气宇轩昂”的孩子，神情像一位小王子或小公主，气度优雅的孩子确实令人喜爱。

有人曾在某篇文章中大肆倡导培养优雅的儿童。他说，首先要提高孩子的审美品位，并且要在不同的场合给孩子搭配不同的服装，从小培养他学会穿衣之道，对衣着的装饰和制作工艺要尽量考究，又应培养孩子高雅的兴趣爱好，避免流俗……

高雅的气质与品位几乎是每个能够解决温饱问题的人都追求的，但并不是所有的人都有相同的兴趣爱好和审美观点。高雅的艺术和作品也不是每个人都能欣赏得了，孩子是否应该处处都表现出卓尔不群的一面，是否就真的一定要追求高雅，免于所谓的“流俗”呢？

有一个8岁女孩，钢琴通过了六级。父母为她的成绩感到骄傲，并时常在亲友面前夸奖孩子说：“宝贝儿，你弹起钢琴来就像一只优雅的小天鹅，从容而美丽，而且琴声美妙极了！”受到父母的夸奖，这位女孩也十分希望自己拥有优雅的气质，并十分注意自己的言行。平时，她只穿裙子，不肯穿裤装，她说裙子才是学琴的女孩应有的装束。走起路来，她也总是高昂起头，即使和同学一起玩耍，也总是摆出一副高高在上的架子。在学校做值日时，她总是找借口少干活，受到同学指责时，她总是说：“我的手可是弹钢琴的，不是用来干活的，哪像你们什么都能干。”渐渐地，同学们都不喜欢和她玩，并且暗地议论说：“会弹钢琴就了不起吗？”

当然，这并不是说学钢琴是件不可取的事情，而是父母应该让孩子怎样的心态来学钢琴；同样，也并非说追求高雅的艺术、拥有优雅的气质不好，而是父母要教孩子以怎样的心态来追求艺术。

优雅是一个人在拥有了深厚的文化底蕴后身上自然散发出来的一种美好气质，而不是故作姿态，以赢得别人的欣赏。一个优雅的人必先有一颗优雅的内心，他往往淡定而从容，从不以优雅去赚取掌声。

有位母亲十分想培养一个非常有绅士风度的男孩，因此对儿子要求十分严格，更是十分注重他的衣着打扮。

上学时，她给儿子穿上精致的衬衫，漂亮的皮鞋，但儿子并不领会母亲的意思，常常是到了放学时，衬衫早已脏兮兮，皮鞋也满是灰尘。这时，母亲就会斥责儿子说：“瞧瞧你，怎么会弄成这副样子。有风度的孩子不会像个野孩子一样疯狂与人打闹，更不会衣衫不整。”

在母亲的潜移默化下，男孩决定做一个“优雅”的人，要有“绅士”气度。他不再喜欢和其他男孩一样踢足球、赛跑、打闹，更不会大声喊叫、嬉戏追逐，而是像一位小少爷一样坐得端端正正，不时整理一下衣衫，皮鞋脏一点也要随时擦干净。可是，班里的男孩子却渐渐都不喜欢和他玩，因为没有谁能像他一样天天穿着皮鞋安安静静地坐着“保持风度”。

男孩只能和女孩一起玩，聊聊天或是一起画画、做手工。班里的同学给他起了一个绰号叫“大小姐”。男孩很委屈，一天，他回到家里和妈妈哭诉：“他们都说我是‘大小姐’，不是男子汉。”母亲觉得儿子受了委屈，就找老师了解情况，老师也说：“这个孩子太安静了，性格不像男孩，建议他活泼一点，多和同学一起玩耍。”

男孩的“绅士”风度和“优雅”并没让他更受欢迎，而使他被同学孤立了。因为孩子们需要一个能够一起欢乐的小伙伴，而不是一位“小大人”一样的绅士。

同样的情况不仅在孩子的世界，就是在成人生活中也屡见不鲜，常见某人才华横溢，却清高自守，最终落得怀才不遇的下场。

有的父母也许怀疑，让孩子变得优雅而有风度，难道有错吗？别人不理解，就要和他们一样俗气吗？其实，追求优雅和风度本身没有错，错的是父母或孩子对优雅及风度的理解。

人们在追求高品位的生活时，往往注重形式而忽略内容，对孩子的教育形同此理。优雅和风度本不是贬义词，如果为了优雅和风度抹杀了孩子天真的本性，暗淡了其原本该快乐的童年，就等于让优雅害了孩子。

对孩子的教育原本就该是一件很活泼的事情，不必照搬、不必搞形式。那么，我们又该如何做呢？

● **要给孩子一颗优雅的心**

优雅绝不仅仅是一个人的外在表现形式，应该是一颗优雅的心。让孩子拥有一颗优雅的心，并不一定要他的心中装满高雅的艺术，而是要孩子拥有诸多美好的品德，如善良、宽容、理智、淡泊、宁静等。一个拥有高贵品质的人才能称其为优雅的人，他可以衣着俭朴，举止如常，但言行间却能让人感觉到一种无形的亲和力和感染力。

孩子外在的优雅如果没有内在品质的充盈，仅仅是举手投足间的优美，那么他不仅难以被人欣赏，很有可能被看做是造作。因此，我们对孩子的培养，一定要由心而始，不要在表面上“做功夫”。

● 让孩子丢开没用的风度

所谓“风度”，就是指人的言谈、举止、仪态，所显露出的美好神韵。为了让孩子有风度，有些父母不惜重金为孩子购买品牌服装，男孩穿小西装，女孩穿洋装裙子，并且要时刻保持良好的体态。甚至有的父母为此专门让女孩去学芭蕾，为了让她有公主的气质。

孩子单纯活泼，本来就非常可爱。可是为了保持风度穿上不方便运动的衣服，言谈举止模仿成人反而失去了本有的天真。弄脏衣服是每个孩子都会做的事情，为了保持“风度”，让服装整洁，而不敢跑、不敢跳，所谓的“风度”反而成了约束孩子身心健康成长的赘物。

所以，请让孩子丢开那些没用的“风度”，还他一个本真的童年。

● 千万不要让孩子恃才傲物

现在很多孩子都会在功课之外学一些特长，有的孩子有一项特长，有的孩子有两三项特长。先不说兴趣班过多会让孩子压力过大，孩子在拥有了某些特长后，常常会有傲慢的心态，认为“我会跳舞还会弹钢琴，外语也好，其他孩子会的那么少。我才懒得和不聪明的人一起玩！”这种骄傲的心态十分不利于孩子的成长。

首先，这种心态会导致孩子难以交到真心朋友，因为傲慢还会导致成绩落后；再者，恃才傲物者走向社会后也会因为态度不好，而难以得到重用。其实，每个人所学的知识都是自己努力付出的成果，同时也是自己的兴趣所在，不同的人有不同的选择，有什么好骄傲的呢？

所以，我们应该让孩子知道，即使自己在学习某种高雅的艺术，会受到他人的称赞，也不必过于高兴，更不能因此看不起他人。否则，势必会因此阻碍了自己未来的发展。

非主流——另类与个性并不是“主旋律”，父母不要对其视而不见

非主流，就是不属于主流的事物。在时下一些年轻人中间，认为个性张扬的表现才是最为时尚的，认为另类的话语与文字就能彰显自己的个性。

但实际上呢？

一位母亲在女儿的房间里发现了一张照片，照片上，女儿一手拿刀正往另一只手上划去，被划的手上“鲜血”淋漓。母亲吓坏了，连忙报了警，可警察来了一问，所有人都哭笑不得。

原来这个女孩子是在玩所谓的非主流，她还没到真去自残身体的地步，不过这种“自杀式”的照片现在很风行。

夸张的服饰、发型，颓废的思想，用着绝大多数成年人看不懂的文字，写着一些语法错误却偏要表现悲伤的话语，听着劲爆而又荒诞的音乐，在网络上用着莫名其妙、不知所云的各种另类“签名”……似乎这就是现在年轻人所认为的流行。

但这种所谓的“非主流”给孩子带来了什么呢？

首先，审美观的错位。男人阳光、健康、壮实、挺拔、干净、利索等优点已经被贴上“过期”的标志，取而代之的是阴柔、骨感、长发飘飘、说话细声、用词细腻等的表现；而女人则完全颠覆了淑女的形象，成了“女汉子”，头发越爆炸越好，眼影越黑越好，穿着要么暴露，要么就是整体看上去分不出哪里是上衣哪里是裤子，就如全身套了一个麻袋。

其次，内心的空虚。打着非主流旗号的孩子，每天说得最多的就是“悲伤、寂寞”， 他们内心躁动，最为关心的是他们自己，每天一副看不到生活希望的表情，缺乏自我判断与自我节制能力。

更为严重的是，传统文化、中华美德的丢失，孝敬、友爱，知礼、遵规守矩等这些最基本的礼仪道德，在“非主流”面前荡然无存。这样的孩子没有责任感，丧失使命感，不懂感恩，拿着父母的血汗钱，毫不心疼地

挥霍自己的人生，甚至是生命……

如果细数过去，非主流的负面影响已经到了不容忽视的地步。而现在还有一个很实际的问题：80后的下一代开始长大，90后也到了养育下一代的时候了。先不说孩子，这些做父母或即将做父母的80后、90后，就有太多的人接受了这种“非主流”的思想。他们自己都打扮得夸张另类，内心没有身为父母的原则与责任，他们看见自己的孩子变得“非主流”自然也就不会去干涉，而且有些孩子甚至还是“被”父母变成“非主流”的。

还有一个现象让人痛心：有的孩子受到了外界环境的干扰后，逐渐变得“非主流”，而父母却并不认为有什么，即使自己并不新潮，但却会“同意”孩子随便“新潮”。这样形成的“非主流”的孩子，也是可悲的。

所谓的另类，所谓的张扬，所谓的新潮……太多的孩子让“追求”把自己带上了偏离正常人生的轨道，在不恰当的地方“标新立异”，他表现出来的除了幼稚愚昧再没有其他的了。

如果这种社会现象不能被及时制止，孩子不能给予正确的引导，他可能就会滑入罪恶的深渊，走向人生的末路。所以，为人父母者务必要重视。

标新可以，让孩子在学术思想上标新；立异也可以，先让孩子拥有一个健康向上的思想。孩子可以表现得与众不同，但最起码他要先是一个懂礼知法的好人。就如一位青少年心理专家所说：“真正的‘非主流’是经得起时间考验、具有文化价值、对自己和他人都有益的一种创新、挑战、超越的精神。”这才是我们对孩子的正确的培养方向。

● 父母可以新潮，但也要有限度

随着时代的发展，越来越多的新鲜事物涌进人们的生活；随着网络的日趋发达，各种各样的新式思想也开始灌输进人们的大脑。而且，现在新一代的父母接受新鲜事物要比老一辈人快得多，所以新一代父母对孩子的榜样和导向作用就显得更加重要了。

父母可以新潮，但是一定要有个限度。父母自己就不能穿着夸张或者暴露，母亲的妆容也要恰到好处，尤其是在孩子面前不要有过于浓重的彩妆，也不要佩戴另类首饰。而且，父母要给孩子树立正确的性别形象，父亲不能将自己的装束打扮得很中性，母亲也不要丢掉自己贤淑的气质。孩子爱模仿父母，所以很容易受到父母的影响。如果他从小就没有正确的性别观念，接触的都是些过于与众不同的服饰，看到的都是父母用自己所谓彰显个性的外貌来表达的颓废，那么他的内心就永远不可能产生积极的审美观。

试想一下，一位年轻的母亲，偏好剃光头，穿暴露的衣服，化着烟熏妆，戴着能穿过拳头的大耳环，那么她孩子内心的认知就是：只有妈妈这样的才是漂亮的。那在这个孩子看来，长发飘飘的女生反倒变成了另类，面对正常的淡妆素容，他会不会也认为那是丑的呢？如果孩子一直抱有这样的“非主流”式的审美观点，那他未来将带着怎样的观念去与他人相处呢？

另外，现在电视中各类综艺节目很多，这些节目中会有许多穿着“个性”，打扮夸张的主持人和嘉宾。但他们的这种装束无非是为了增加节目的可看性与上镜效果，但这样的装束打扮在生活中就会显得与大众格格不入。我们千万不要将节目中的服饰或妆容理念引入到生活中去，更不能按照其中的妆容服饰标准打扮自己或孩子。另外，这类节目最好少看或不看。

只有适当的新潮才能帮助孩子更好地融入时代与社会，不恰当的非主流，只能让他失去人生的真正色彩。

● **平时要多关注孩子的精神世界**

一对父母平日忙于工作，在外奔波，但对16岁的儿子在物质方面很宠溺，只要他开口要东西，无论花多少钱都会双手为他奉上。每天男孩回家，面对的都是空荡荡的屋子，心情很不好。很快，他迷恋上了网络游戏，迷恋上了各类社交软件，每天都在网络上花费大量时间。

在一段时间里，男孩陷入“非主流”的世界，那种颓废、空虚、哀伤的感觉很符合他的心境。他也开始学着用非主流的装扮来打扮自己，开始学着尝试自己所谓的“另类人生”。

但男孩还是感觉空虚。于是，一天他跑到一家手机店，以买手机为由，却并不交钱，而是抢了手机就跑。其实他身上有钱，父母给了他不少，但他就是想抢。当男孩最后被抓回来的时候，他只说了一句话："我不过是想引起爸爸妈妈的注意罢了，其实他们根本就不关心我。"

另一位同样 16 岁的男孩，想要买一条"流行"的吊裆裤，但父亲不同意他这种所谓的"新潮"，不给他钱。一气之下，男孩喝下了除草用的药剂，中毒身亡。临终前，男孩喊道："爸爸，救救我，我错了！"

这样让人唏嘘震惊的故事，都是生活中活生生的例子，我们看了又作何感想？养育孩子，不只是供他吃，供他喝，供他上学，我们不能总是拿钱来填补教育，孩子的精神世界也需要父母去好好呵护。

我们要站在孩子的角度，多与他好好沟通。尤其是当孩子步入青春期后，我们要多关注他内心的变化，及时帮他疏导开思想上的郁结，让他能积极面对世界，并积极面对自己的人生；多丰富他的课余生活，不压着他只为了学习而学习。同时，我们也要做到"与时俱进"，和孩子共同学习，共同成长，这样才能更贴近他的精神世界。

当一个孩子没有因为一些莫名其妙的原因而变得精神空虚，那么他自然不会去接受非主流的影响。恰恰相反，他将能自己创造出属于自己的、积极向上的"非主流"——学习并传承中华传统文化，创造性地学习与生活，这才是他生活的真正主体和心灵的真正主宰。

第四章

青春成长关键词

孩子的青春期似乎就是个“危险期”。在这个时期，父母会格外担心包括他身体、心理在内的各方面的发展。可这时的孩子却似乎并不体谅父母的关心，他会叛逆，会反抗……不过这些都是青春期的正常反应，父母也应该平静看待。

叛逆——别总在“叛逆”的孩子身上找原因，其实父母也有责任

叛逆，这个词是最近几十年的产物，古人几千年来好像都没有用过这样的词。但现如今，这个貌似“言重”的词却被用在了青春期孩子身上。

当孩子迈入青春期，我们就会发现原来那个乖巧且很听我们话的“乖宝宝”不见了，他可能事事都要与我们反着干，于是，我们便认为孩子叛逆了。

这时的孩子有一些很明显的另类表现：

他可能认为绝大多数的规章制度是不合理的，应该废除；对于我们反复叮嘱他的事情会感到无比厌烦；如果有谁敢和老师对着干，他可能不会受到同学的鄙视，却反而会迎来更多的钦佩；不管是对父母的话还是对老师的话，他都会觉得里面有很多漏洞；不管是做事还是其他方面，他更喜欢让自己与众不同，喜欢引人注意；如果违反了某项规定，他反而会感到很快乐；接受不了他人的批评，对此会非常反感与愤怒；认为父母和老师在某些事的处理上小题大做；更加喜欢冒险；对自己的主意很坚持，会无视他人的劝阻；假如在课堂上出现了老师意料之外的情况，反而表现得开心一场；不允许他人伤害自己的自尊，总是给别人一种“我是不好惹”的这样的认知；可能还会对各类被“禁止”的东西“情有独钟”……

先不说别的，单是看到这长长的一段孩子的叛逆表现，可能就已经令父母头疼不已，假如这些全部都真实地发生在生活之中，那么想必为人父母者会更加无比地“痛恨”叛逆。

于是，有的父母就开始妄图用父母的身份来压制叛逆的孩子，妄图用权威来表现自己才是能决定一切的人。可越是这样，孩子反而越叛逆，因为青春期叛逆一个最为明显的表现，就是他会和父母对着干。

青春期叛逆，顾名思义，就是孩子在青春期里出现的反叛的思想、行为，他会忤逆正常的规律，做出与现实相反的，或者违背他人本意的、令人感到出乎意料的事情。叛逆的存在，令孩子有一种“我长大了”的感觉，使他比之前有更强烈的自我表现欲。

有人将叛逆归结为孩子自身的问题，认为这就是他成长中的一个坎儿，一个问题，如果父母不关注、不在意，放任而为之，那么孩子可能就会在青春期出大问题。这样的想法只说对了一半，正确的那部分是“父母不能对他不管不问”，但父母领会错误的，这并不仅仅是孩子的问题，其实也是父母的问题。

孩子的青春期叛逆的确有他自己的原因，到了这个年龄段，快要成人又还不算成人，这时的他心很大，但能力很小，一方面做不到什么事，另一方面却渴望着自己能一鸣惊人，这种矛盾交织之下，他的表现也就不得不显得与我们所谓的“正常标准”格格不入了。

但我们所谓的“正常”有可能只是强加到孩子身上的桎梏。我们一直认为孩子不够成熟，他应该绝对服从我们，不能与我们的要求背道而驰。如果说孩子在不懂事时我们这样做他可能会听，可已经十几岁的孩子早就有了自己的思想、自己的认知，他会更加反感我们盛气凌人的样子，因此叛逆之心骤起。

面对这样的孩子，一些父母当然觉得叛逆是不正常的。但也许是一直以来叛逆给我们带来的印象，因此在很多人心中，叛逆似乎才是青春期孩子的“正常”表现，如果他没有表现得叛逆，反倒觉得他是不是出了什么问题。紧接着，父母就在等着“叛逆”到来的那种心情引领下，不知不觉地加大了对孩子的监控力度，处处监视他、阻挠他、训斥他，而父母却还美其名曰“为了他好”。试想想，即便孩子不是青春期，一个普通的人如果总是处在这样的生活环境之中，他恐怕也会觉得很不舒服。假如再加上我们为了应对叛逆而采取的简单粗暴的教育方式，这无疑就对叛逆起到了推波助澜的作用。

所以，叛逆并不是孩子一个人的事，而且叛逆也并不是孩子变坏的表现，关键就看父母是不是能想到办法帮他顺利度过这个时期。如果换个角度来看，叛逆其实也代表着孩子的成长，只要引导得当，叛逆这个看似肆意妄为的“洪水”，也能顺着修好的“泄洪道”顺流而下。

● 不要对孩子的叛逆太过“期待”

如前所说，有很多父母似乎是在“期待”着孩子的叛逆。因为我们也许会从一些关于青春期孩子教育的书籍上或者从那些已经家有青春期孩子的人口中，获得了一些青春期叛逆的表现。于是我们便开始担心：“我的孩子什么时候开始叛逆？”

如果我们总是有这样的心思，可能不叛逆的孩子都会变得叛逆了。可这样一来，不仅孩子过得很累，我们自己也一样很累。所以，要放下那种担心，学会顺其自然。孩子的成长是一个过程，而我们也要和他一起慢慢地经历这个过程，该有什么表现他自然就会表现出来，我们不要如临大敌一般地等着，否则孩子自己也会感到紧张。

我们可以看一看与青春期叛逆表现有关的介绍，但是不要套模板一样，将叛逆表现去“套”孩子的表现，看这些书的目的是要知道孩子可能会发生什么，有哪些基本的应对方法，仅此而已。这会帮我们提前做好准备，以备不时之需。而且，如何应对叛逆也是要因孩子、因时而异的，我们不能期待书上说的方法在孩子身上会产生怎样神奇的效果，而是要根据孩子的表现对这些方法进行适当的调整，使之能真正对孩子有效。

● 认识孩子叛逆背后的动机

孩子的叛逆并不是凭空而来的，不是说孩子刚才还好好地看着书，忽然就表现得很叛逆，对我们说的话就怎么也不听了。他的叛逆总会有原因，我们需要先弄清楚他为什么会表现出叛逆来，搞清楚他叛逆背后的动机，这样我们再开展教育时才能抓住根本。

孩子所表现出来的叛逆都是一种表象，他在用他的表现向我们表达一些深层次的内容。比如，他可能有自己另外的想法，他也许想要证明自己的能力，他可能是在用叛逆表达他的不满，等等。

面对孩子糟糕的表现要保持冷静，不要将自己处理事情的能力也降低到和孩子一样的水平。否则如果我们也暴怒起来，那么问题也就更难解决。要允许孩子说话，可以主动问问：“你是不是有什么话想说？”引导他说出自己的想法，然后我们再去选择合适的方法去处理。

如果孩子说的有道理，我们可以转换自己的思路，顺从一下他的意思，这也不是什么大不了的事情；如果他只是一种青少年的偏激的冲动，我们也不要有过多的训斥，可以告诉他他是错的，并给他时间冷静，向他列出我们的理由，引导他自己去思考。不管怎样，我们和孩子一定不要硬碰硬，毕竟处在青春期的孩子很有可能是“吃软不吃硬”的。

● 随着孩子的成长及时调整教育方式

有时候孩子的叛逆还来源于另外一种情况，那就是我们太过老旧过时的教育方式。比如，我们依然唠叨不已，事无巨细地反复叮嘱，虽然这是我们表达爱的方式，但对于觉得自己已经长大的孩子来说，这就是啰唆的表现，他讨厌啰唆，所以他才会反抗。

鉴于此，我们要看得到孩子的成长，也许在他小时候我们会直接告诉他“做什么”，但当他成长到青春期时，我们就不能再直接表达我们的意愿了，而是要了解一下他是怎么想的，向他提供一下参考建议，并将最终的选择与决定权交给他。到这时，我们应该是只负责帮他把握正确的大方向，向他提供参考建议的角色，不能再越俎代庖，也不能强硬命令。这样孩子自然会体会到我们给予他的这种民主氛围，他也就不会表现得那么“敌对情绪”强烈。

需要指出的是，如果孩子的选择与决定非常不合理，那就再议。也就是说，我们该放手的一定要放手，不该放的或放手会产生问题的，也一定要慎重，因为天下没有什么事情是绝对的。

早恋——不是“洪水猛兽”，要善用智慧来引导孩子情感的正常发展

在很多父母心中，“青春期”和“早恋”就好像是一对连体儿，只要孩子到了青春期，那么“他会早恋”这几乎就是板上钉钉的事。而我们深知，在不恰当的时候产生不恰当的情感，不仅会影响他的学习，影响他的成长，对他的内心也会产生诸多负面影响。

带着这样的想法，我们便会对孩子的青春期格外谨慎。毕竟，青春期的孩子还会带有叛逆心理，如果一个应对不力，叛逆状态下再加上早恋，很多父母几乎已经不敢想象这样的情景了。

但关于“早恋”这个词，还是有必要好好探讨一下的。

早恋，又称为“青春期恋情”，通常是指未成年男女建立恋爱关系或对异性感兴趣、痴情或暗恋。可事实上，当孩子成长到青春期，绝大多数都会产生这种对异性的好感与懵懂感情，不过这些感情中绝大多数都是暗恋或者单恋，只有那些真正相互有好感并彼此告白的，才算是早恋。

但生活中，一些父母对“早恋”的“定义”却似乎要简单得多，只要孩子表现出对异性有好感，那么父母就会非常坚定地判断他已经“早恋”了。然后，针对这份“不该有的恋情”，父母可能就会采取一系列措施去应对，如训斥、压制、苦口婆心地教育等，以期让孩子彻底远离早恋，重新回归到单纯青少年的行列。

一位妈妈讲了自己的一段经历：

女儿上高二时，我无意间在她的书中发现了一张小纸条，上面写着的是一个男生对她的丝丝情意。我有些焦急地询问她这是怎么回事，她却说，自己已经回绝他了，而且还给我看了她的回信。

可是，等到她上高三时，我发现她依然和那个男生藕断丝连，我很生气，这么重要的时刻，她怎么还能若无其事地早恋呢？想想当初我和她爸爸为了她上学，卖了家里的房子，放弃了好工作，搬到学校的旁边住，每天就

靠摆个菜摊卖菜供她上学。以前她总是考第一，现在她的成绩已经开始飘忽不定，这怎么能行呢？

那段时间我已经无法控制自己的情绪了，便采取了很极端的方式，每天以泪洗面，苦口婆心地劝阻，甚至不惜下跪、绝食，就是为了让她能离开那个男孩。可女儿对此却极为反感，我们母女之间的关系一度陷入了冷战状态，只要一说话就吵架。那段时间，我什么事情都做不下去，觉得女儿对我完全不体谅。

后来有一天，我在书店里翻到了一本关于青春期教育的书，翻看了几页，发现里面提到的问题都是我遇到的。于是我买下了那本书，等到全部看完后，我才发现自己之前所谓的青春期教育是多么不靠谱。

再后来，我不再和女儿提这件事，只是不断地关心她的学习与生活。我还买了一些适合孩子看的青春期方面的书，悄悄地放在女儿床头。我和女儿的关系逐渐缓和，交流也慢慢增多，我的劝阻她也能听进去了。

只有正确的处理方法，才能解决青春期孩子的问题，否则我们越是着急，越是强硬，却可能会起到反作用。

所以，面对青春期的情感，我们不能一味地围追堵截。早恋不是洪水猛兽，而且我们也不要硬逼着将它变成洪水猛兽，有智慧地去处理这份其实很正常的情感，才是正确的做法。

● **多关注与青春期情感有关的常识**

之所以我们不能理智处理孩子的这种青春期情感，其实与我们对青春期常识的匮乏有关。正因为我们不了解，所以才对小小年纪的孩子就出现这样的情感感到恐慌。因此，在苦苦寻求“怎样提高孩子学习成绩”这类书和信息的同时，也要关注一下他的成长。

我们应该通过读书、网络等渠道充分了解孩子在青春期情感方面可能会出现怎样的表现。然后，结合自己孩子的特点，看看他的某些行为表现是不是符合书上、网络上所说，如果相符合，那么就要针对具体情况采取合适的应对措施。也就是说，我们要给青春期情感一个合理客观的评价。

只有先了解，之后我们才可能找对解决的方向。

当然，还有一个更好的方法，那就是我们和孩子一起学习青春期情感的知识，因为有些孩子对自己的突然开始关注异性这样的变化也会感到疑惑。而且，一起学习还可以促进我们和孩子的交流。我们可以利用自己的经历给孩子作更详尽的解释，使他对自己也更加了解。

● **帮助孩子正视青春期情感**

孩子对于青春期恋情的态度无外乎有两种，一种是感觉比较迷茫，因为原本无论是对异性还是同性，他可能都会做到一视同仁，可是突然之间他觉得再看见异性时内心就会产生与之前完全不一样的感觉，这也许会使他感到有些异样，甚至有的孩子还会因此觉得恐慌；另外一种就是感到好奇与兴奋，看到原本在他面前没什么特别之处的异性，忽然从某天开始散发出不一样的气质，他会想要亲近，想要进一步触碰。

其实这两种态度都很正常，青春期情感的萌发也没有什么先兆，大多数孩子都会忽然就对某个异性产生兴趣。这时，我们需要引导他正视这样的情感。可以将之前一起学习的知识再搬出来，告诉孩子这是他正常的情感反应，每个人小时候都会有，所以他没必要觉得这是不好的事情。不过，对于这样的情感他也要学会控制，不能将太多心思都投放在这上面。毕竟青春期也是孩子学业的关键期，要提醒他分得清轻重。

● **教孩子学会与异性正确相处**

某些青春期情感之所以会发展到“恋爱”的阶段，其实就是男孩女孩因为没有及时正确处理这种情感而给“恋爱”带来了某种契机。

一个男孩就曾经在日记中写道：“从初二下学期开始，我就和她成为了同桌。我们总是在一起聊天、讨论问题，我给她说笑话，她给我讲有趣的故事；我会把她喜欢的小说借给她，她则时不时地装好吃的零食给我。以前我下课会去找哥儿们，现在即便下了课我也和她坐在一起说笑。久而久之，我发现自己真是太喜欢看她笑了。”

如果这样的相处放在别的成长阶段，也许这没什么，不过就是朋友之间的和谐相处模式。可是，在青春期，异性之间这种过于亲密的相处，就仿佛是情感的催化剂，很容易就会催生“恋情”。

所以，要教孩子学会与异性正确相处。如不能和异性有太过亲密的行为举动，说话时要坐姿端正，不要与异性离得太近，也不要有勾肩搭背、拉手摸腿等太过夸张的动作行为。聊天的内容也要积极健康，不要涉及亲密话题。另外，还要提醒孩子，不要只和一个异性交往，要和大家都能成为好朋友，这也会避免他因为与某一个人交往过多而出现“日久生情”。

● **帮孩子树立正确的爱情观**

关于青春期情感的教育，仅仅是委婉地阻止孩子青涩的情感还不够。这相当于我们只是清空了他错误的认知，但却给他留下了关于情感问题的空白，那么在好奇与求知欲望的驱动下，他就很有可能还会继续去“探讨”情感问题。所以，我们还应该给他补上“关于爱情”的这堂课，帮他树立起正确的爱情观。

可以给他讲讲自己的爱情发展之路，告诉他爱情是什么，爱情发生的契机是什么，爱情在什么时候才是最美好的，爱情需要承担什么样的责任，等等。平时在家就要尽量向他展现爱情的力量，如夫妻彼此相敬如宾、同甘共苦；夫妻对对方关爱有加，并彼此成为对方的支持力量等等。要让孩子看一看现实版的爱情连续剧，不要让他受到影视剧或动漫、小说中那种虚幻爱情的影响，要及时提醒他，那些只是艺术处理手法，真实的生活可能根本不会出现那样的桥段。爱情也是现实的，所以他也要理性地去看待。

性教育——不是不能碰的“老虎”，是必须要和孩子讲明白的常识

如果说青春期孩子的早恋可能会让父母感到身心疲惫的话，那么有些孩子过早地涉入“性”的领域就可能会让父母心力交瘁。毕竟处在青春期的孩子身体还在发育中，过早地接触性，无疑是对他身体的一大伤害。

国家人口计生委科学技术研究所2013年发布的一组数据显示，我国每年人工流产多达1300万人次，这还不包括药物流产和在未注册私人诊所做的人工流产数字。其中有四分之一是未达到法定生育年龄的女孩。在有婚前性行为的女性青少年中，超过20%的人曾非意愿妊娠，其中高达91%的非意愿妊娠诉诸流产。重复流产的情况尤为严重。

可是，我们一方面明白过早接触性会对孩子造成极大的身体伤害，但另一方面却会对性教育讳莫如深。

2012年9月22日，南京市人口计生委举办了一次以“青春健康——陪伴青春期孩子成长”的市民学堂，并发布了一份关于青少年健康状况的调查报告。

报告中显示，在所有接受调查的1192名青少年中，谈到性就不好意思的占40.3%，表示可以“很自然地谈论性问题”的占59.7%，有54%的青少年表示可以接受拥抱。

在“恋爱意味着什么”这个问题的回答中，“情感”占55%，“为对方奉献”占27%，但是也有2%的人首选“发生性关系”。

对于性知识的获得，有46%的青少年表示是从书籍或网络上获得，只有18%的青少年是从与父母交流中得到这方面的知识。根据中国互联网信息中心调查显示，有12.3%的青少年网民公开承认自己曾浏览过色情网站。

如此多的数据显示，青少年对性知识还处于一种懵懂状态，而其中那个刺眼的“18%”却需要引起我们的格外重视，很明显当孩子遇到了性问题时，身为父母的我们却并不是他主要的教育者。

想想看，我们是不是这18%之中的？有多少父母羞于在孩子面前谈性？有多少父母每当孩子问及这方面的问题时就只会以怒目或训斥应对？有多少父母干脆将性当成是世间最恐怖的事情说给孩子听？

结果，孩子的头脑中对性要么完全没有概念，要么是有错误的概念。

而错误的概念又分为两种来源渠道：第一，是被各路非正规媒体的宣传迷惑而对性产生错误的概念，这些孩子会因此而好奇、冲动，会想要自己去尝试，甚至会认为性就是一场游戏，怎么玩都无所谓，只要自己高兴就行；第二，是被父母妖魔化了的错误性概念，这些孩子将性等同于瘟疫、地震、洪水、火灾，他唯恐避之而不及，但却又对自己身体生理上的种种变化羞于启齿，于是在内心过分纠结的状态下，他对性的认知也变得扭曲，这种影响甚至也延续到了他成年之后，影响到他正常的婚姻生活。

性教育是什么？性教育就是给孩子揭开性的神秘面纱的教育，它本身就是一道最好的防线，接受了正常且完整性教育的孩子，才会彻底明白性是什么，也才会知道性可能给他身体带来的影响，即便我们不说，他可能也会自己主动进行自我控制，不在不恰当的时候偷吃“禁果”。

所以，性教育在孩子成长过程中一定不能缺席。我们要丢掉那种不必要的“不好意思”，用一种全新的、全面的眼光去看待它，并将其看成与其他方面的教育同等重要，正确传授给孩子这方面的知识。

● 扭转对性教育的偏见

关于性教育，先不说教育的内容问题，这里存在一个我们是不是能正视的问题。很多父母对性教育的偏见，正是现在性教育失败的重要原因之一。

学校发了青春期生理知识课本，儿子兴致勃勃地翻看，妈妈却在一旁不耐烦地说：“有那时间多背点单词、做点题多好，别浪费时间看这没用的东西。等上课的时候随便听听就行了，这个有什么好看的！”说完，妈妈一把抢过儿子手里的书，随便翻了两页，接着就嘟哝着：“上初中的孩子就给讲这么不健康的东西！学校怎么想的？”言语间满是不屑与不满。

父母以为单词、练习题就会让孩子学到更多的知识，但是当他连自己的生理、心理都还弄不明白的时候，他可能也无法安下心来去认真学习。性教育是在帮助他解释身心的某些变化，当他能彻底明白这些变化时，他自然也就不会为此再多分心思。

所以，当再遇到类似事例中那样情况时，不如变一下思考方式，要意识到这是孩子性意识的萌发，是他想要了解性知识的表现，这也是进行性教育的好时机。同时，我们也要明白性教育是健康的教育，是关乎孩子身心健康的教育，也是不可缺的教育，所以不要戴着有色眼镜去看它。其中提到的男性女性的生理特征就是真实存在的，没必要刻意回避。

● **把握孩子性心理的发展过程**

性教育对孩子来讲是必需的，也是有益的。这就要求父母采取正面的态度对待孩子的问题和变化。一般父母对孩子的性教育可分为幼儿、童年、少年、青春期 4 个阶段：

0—6 岁是幼儿阶段一般幼儿期的孩子从 3 岁开始探索自己的身体，逐渐发现性别之间的差异，会向父母提出各种关于性的问题。如生命起源、性别问题等，这个阶段他对异性的认识仅停留在玩伴阶段。

7—10 岁是童年阶段孩子逐渐对异性产生好奇和好感。

11—14 岁是少年阶段这个时期的孩子逐渐发生生理变化，也正是因为男孩和女孩之间的生理差别，导致他对异性产生暂时的疏离感。

15—18 岁是青春期阶段这个时期的孩子对异性怀有强烈的神秘感，也正是这种神秘感促使他们接触、了解异性，并对异性产生好感。

当然，上面年龄的划分也不是绝对的，有的孩子发育早一些，有的晚一些。

针对孩子性心理的发展过程，父母一定要正确认识孩子在不同时期的不同表现，正视孩子提出的各种问题，引导他正确看待与异性之间差别，并教他如何和异性相处。

● **自然坦率地将向孩子传授正确的性知识**

其实性教育的目的很简单，第一，回答什么是性；第二，回答性是为了什么；第三，什么是健康的性以及怎样才能获得健康的性。

由于涉及私密的事情，所以才使更多的父母选择逃避这样的问题，可是越是隐藏，越是不愿意明说，孩子反而会越好奇。而且，这种好奇心还可能会引领他用不正确的方式去获取这方面的知识。

仔细分析一下，性是绝大多数人生活中的一部分，我们坦坦荡荡地看待它，在我们的影响下，孩子也就不会对它有什么多余的想法。

所以，倒不如大大方方地给他讲讲这件事，简明扼要地回答性教育所提出来的几个问题就可以了。尤其是前面提到的第三个目的，我们就可以借此提醒孩子，青春期就过早发生性行为并不是健康的性，性是只有在合适的年龄与合适的人（婚后合法夫妻之间）才能进行的事情。可以找找新闻中那些过早涉入性而犯下大错甚至酿成惨剧的真实事例，让孩子引以为戒。

● 从正规渠道给孩子正规的性教育

孩子的动手能力可以通过动手实践来获得，交友能力也要在交友过程中去培养，但是性教育却是一种比较特殊的教育，因此我们需要选择稳妥的途径来开展这一教育。

正规的性教育来源于正规的书籍和视频资料，我们需要寻找正规出版的、有权威的性教育或青少年教育专家所写的性教育类书籍，这里面提到的与性教育有关的知识才可能是正确的、完整的。也可以让孩子看一些介绍青春期性知识的健康网站和视频，不过关于网站和视频资料要严格把关，最好是我们自己亲自搜索，确认知识无误并且是积极健康的之后再让孩子去看，以避免让孩子自己搜索反而误入色情网站的情况发生。

● 教孩子学会克制并转移性冲动

青春期的孩子不可避免地会出现性冲动，但是无论是从身体还是从道义上来说，他的这种冲动并不能通过释放来解决。所以，要教他学会克制。

首先我们要培养孩子有良好的个人道德素养，平时多让他看看《弟子规》《童子礼》《朱子治家格言》《了凡四训》《增广贤文》《孝经》《论语》《大学》《中庸》《孟子》《道德经》等修身养性的传统经典，使他保持一个纯净的内心。并鼓励他多接触积极向上的娱乐活动，多培养健康的个人爱好与兴趣，使他的注意力不再集中于自己身体的变化之上。同时，我们也要给这时的孩子安排足够的运动时间，让他能将过剩的精力释放出去。

另外，要多注意观察孩子，一旦发现他在性方面出现了异常举动，就要通过沟通来帮他解决内心的困惑，给他建议从而帮他解决遇到的问题。

● 正确看待“手淫无害论”

如今，很多深陷黄毒中的孩子，第一次接触黄色刊物、碟片、网络视频、故事时，都是出于好奇心。

有一个男孩无意中听到两个男同学讲黄色故事，他一开始没在意，但越听越好奇，便凑上去仔细听起来，听不懂的地方还不断询问。之后，他和这两个男同学经常在一起聊，还常常看黄色视频，慢慢地，他学会了手淫。再后来，他的身体越来越差，学习也越来越差，满脑子都是都是看过的黄色视频影像，深陷其中无法自拔，痛苦不堪。

目前，市面上很多有关于家庭教育的书、青春读物传递着自慰无害健康的观念，甚至在书上公然说“手淫是应该尊重的隐私，自慰是一种很好的宣泄性能量的方式”，这是极不负责任的言论，无疑是在鼓励孩子自慰，也是纵容孩子的行为，绝对是一种错误的观念。作为父母，对这类所谓的“教育观点”一定要注意辨别，千万不可“尽信书”。

从理论上说，孩子偶尔一次自慰对身体没有多少危害，但要知道，手淫一旦开了头，就很难控制，只能是沉湎其中不能自已，长期、频繁、无节制地自慰必然会严重损害身体健康，还会影响孩子的学习，最终一定会害了他自己。父母要让孩子明白自慰的危害，也要注意孩子偶尔一次的自慰，及时帮他戒掉这种行为。

● 正确看待所谓的“无痛人流论”

类似“手淫无害论”的还有“无痛人流论”。诸如“轻轻松松几分钟”“480元全包干”“无痛，无风险”“今天手术，明天开学”的所谓“关爱卡”甚至都送到了大学、中学女生的宿舍。

在网络上曾盛传着一道小学语文试卷填空题：“××的人流”，正确答案应该是填写“喧闹”“熙熙攘攘”“拥挤”等，即“人流”是“像流体一样向前移动的人群”。谁知，一些学生竟填写“无痛”，即“无痛的人流”。可见，“无痛流产”广告已经渗入了少年儿童的大脑。

“无痛流产”广告所带来的负面效应不只如此，更严重的是对涉世未深的青春期少女产生了误导，使她们认为“轻轻松松几分钟”就能解决问题。于是，她们就不懂得珍爱自己。结果，导致人流率日益攀升，甚至出现了寒暑假人流堕胎潮。

这个广告中只强调了“无痛”“轻松”，却刻意回避了手术风险。事实上，无论做什么手术，都是有风险的，如有时候一支麻醉打下去，可能就再也醒不过来了；在手术过程中，也可能发生子宫穿孔、出血、感染等风险，甚至出现心率减慢、血压降低等“人流综合征”。

“无痛流产”手术虽然几分钟就完成了，但是对女性的身体可能会造成诸多隐患，轻则得妇科疾病，重则导致不孕。一份调查报告显示：超过4次人流之后，不孕症发生率高达92.13%，而在所有继发性不孕患者中，有将近90%的患者曾经有过人工流产经历。可见，流产次数越多，继发性不孕发生的几率就越大。

此外，一些少女害怕被周围人知道，往往是偷偷地去做人流手术。手术之后，还要强打着精神像平日一样去上学，由于休息和营养无法保证，所以对术后的身体恢复极为不利，给身体造成极大伤害。

人工流产对身体的伤害还在其次，对心理的伤害尤甚。研究表明：十几岁的少女在进行人工流产的过程中，其疼痛感明显超过正常女性，而这一般来自手术前的不安和恐怖感。手术之后，一些少女会产生后悔、担忧、罪恶感等心理，常常做噩梦，精神沮丧，精力无法集中，甚至自暴自弃，做出一些极端举动。

可见，“无痛人流”对身体和心理造成了极大的伤害。

所以，作为父母，一定要教育孩子，无论是男孩女孩，都千万不要被“无痛流产”广告所蒙蔽，不要认为流产无所谓而轻易尝试性行为，否则最终受伤害最大的还是孩子。男孩懂得这个道理，就不会轻易伤害女孩；女孩懂得这个道理，就不会轻易被男孩伤害。

同时也要告诉孩子，万一怀孕的话，一定不要隐瞒父母，更不要背着父母偷偷去设备简陋、医疗条件差的小诊所做人流手术，而是及时告知父母，请求父母的帮助。但为了避免受到这种伤害，女孩一定学会对自己负责，珍爱自己的身体，不要与异性发生性关系。

代沟——与其总是“沟壑深深”，不如主动、理性地在“代沟”上搭个桥

代沟，就是指子女在走向社会的过程中，因为产生了新的见解，而产生了新的思想观念、行为习惯，并因此背弃了父母原有的观点，从而与父母产生分歧。

代沟的出现与年龄、时代的差异等因素有关，毕竟时代是在进步的，我们当年生活的时代，我们所接受的教育与思想观念肯定会与现在的新生事物有所不同。孩子对新生事物的接受能力是有目共睹的，所以我们与他之间会出现代沟也是一件很正常的事情。

烟台市晨报《今晨6点》的“晨报心理实验室”栏目曾与烟台市第三中学心理健康教育课题组联手，在学校高一、高二两个年级的500多名学生中，进行了一次“你与父母有代沟吗”的问题调查活动。

调查结果显示，有36%的学生认为父母不能理解自己的想法，48%的同学从来不将自己的秘密告诉父母。虽然有48.72%的学生感觉自己与父母的关系像朋友，可是当自己遇到困难时，却只有23.93%的学生选择向父母求助，55%的学生则会去求朋友帮助，而且还有4.27%的学生竟然选择了网友。最为让人吃惊的是，有90%以上的学生都与父母发生过矛盾。

至于说到代沟产生的原因，22.7%的同学认为这个责任主要在父母，26.8%的学生认为责任主要在自己，50.5%的同学觉得双方都有责任。

从这一系列的调查数据来看，孩子与父母之间的代沟的确不容忽视。

在有些父母看来，代沟就是时间在我们和孩子中间设下的一道障碍。有的父母对这道障碍很是束手无策，并认为这是无论如何也跨不过去的坎儿；而还有的父母反而觉得有代沟才是他教育孩子的好机会，孩子不理解他，

或者孩子反抗他，都是代沟惹的祸，这样他就可以将责任都推到代沟身上。

虽然代沟是时间的产物，但它之所以会形成与父母也脱不开干系。

想想看，孩子出生在新时代，他从一出生所接受的可能就是新时代的信息，而我们如果一直都固守着旧东西不放，丝毫不接纳新信息，自然就会和新时代脱节。所以从某种程度上来说，代沟也算是我们亲手“挖”出来的。

有的父母讲，这怎么能怨我们呢？我们是教育者，而孩子自己没有判断力，什么新鲜事物都学，也不分好坏，再加上自己还一身的毛病，他却还不肯听从我们的教育，这明显就是对着干的表现，我们又怎么和他们靠近？

的确，孩子尤其是青春期的孩子，可能会有各种各样的毛病。他会自以为是，会向往一些所谓的“潮流”，但这就是青春期的特点。既然如此，我们为什么不帮他分好坏，然后再和他一起去接纳新事物？在这里抱怨孩子总是喜欢新事物的我们是不是显得有些“小家子气”呢？

所以，代沟其实也没什么大不了，只要我们有心且用心，及时转换心态，就能解决时间留给我们的这个难题。

● **正视我们与孩子之间的认知差距**

要解决代沟的问题，我们不如先从代沟本身入手，看一看这个代沟到底是怎样的，我们与孩子之间都存在哪些认知差距。

我们可以在日常生活中多留意与孩子发生的分歧，想想我们的想法，再听听他的想法，要用一种旁观者的态度去听，不要对他提出来的新观点或思想发表一些很激烈的评论，以免引起争吵。

对于一些新鲜事物，我们可以听孩子说一说，再平静地思考一下我们自己对新鲜事物又有哪些了解。但同样的，我们也不要发表什么太多的言论，尤其是不要排斥、讽刺，要用平常心来看待这种时代的产物。

认识到这些差距之后，我们还要想想，哪些是我们可以接受的，哪些对于我们来说可能是很难接受的，将这些都找到之后，我们对代沟的分析就算完成了，然后再针对问题各个击破就显得容易许多。

● 跟着孩子重新认识这个新时代

孩子对新鲜事物的接受程度要远远超过我们，所以他眼中的新时代可能会比我们眼中的新时代要更加新潮，因为他会发现更多的新细节。既然如此，我们不妨直接对孩子说“给我介绍一下你的新世界吧”，让他也做一回“导游”，我们跟着他来重新认识一下这个新时代。比如，什么是互联网+，什么是人工智能，新时代还有什么特征等。

当然，这样的认识过程可能会比较长，我们要虚心，也要有耐心。在跟着孩子认识新时代的过程中，要尽量将自己的大脑放空，给新事物留出空间。同时，我们只是认识，并不是评论，不要依据自己的感觉就去擅自评价新事物的好坏，尤其是不要总是用带有训斥的口吻去说孩子，否则他会失去带我们“游览”的兴趣。

但尽管如此，我们的接受程度可能很难一下就改变，所以不必非要强迫自己和孩子一样，我们也不能完全和孩子一样。毕竟我们是成年人，会有比孩子更好的判断力，要尽可能防止孩子盲目接纳所有或好或坏的新鲜事物。我们要保留自己的意见，选择合适的时机与孩子讨论，将想法如实说出来的同时，也要认真听孩子的意见，没准儿可能真就只是我们的偏见造成的误会，只要误会解除，我们对某些新事物的接受程度也许就会提高。

● 将过去宝贵的传统交给孩子

孩子的成长其实是一个积累的过程，他绝对不是存储量有限的U盘，要存入新东西就必须要清空旧东西；他应该是图书馆，要能在旧知识的基础上，不断地将新知识添加进去。而且，有些旧东西也是他的“镇馆之宝”，他只有在它们的帮助之下，才能接收到正确的新东西。

这里所说的“旧东西”，就是那些流传了许久的宝贵传统。

不管时代怎么变迁，这些宝贵的传统都不能丢，因为这是流传了几百年，甚至几千年的东西，是经得住历史考验的东西。比如，做人的美德，做事的基本原则，善恶美丑的分辨能力，等等。这些传统的东西都需要由我们传承给孩子。当孩子能接受这些宝贵的传统时，我们与他之间的代沟也就不会显得这么“沟壑深深”了。

● 与孩子一起努力在代沟上架起一座桥

孩子与父亲吵架了，起因是孩子最近满嘴流行语，这让父亲听了很不舒服。于是，父亲想让孩子改正，而孩子却觉得父亲小题大做。孩子与父亲都毫不退让地坚持着，父亲说孩子“太轻浮”，孩子则说父亲是“老顽固”。两人大吵了一架，父亲沉默良久才说：“我们真的解决不了吗？虽然有代沟，但我们为什么不能去架一座桥？”

这位父亲的话对我们也是一个启示，代沟是我们与孩子“互动”才出现的产物，都说“解铃还须系铃人”，那么我们完全可以再通过“互动”改变这个沟壑局面。

所以，可以和孩子试试换位思考，彼此站在彼此的角度去想，也许我们就能发现问题的新一面。在这个过程中，还要告诉孩子，我们的思想也许已经根深蒂固，要学习新事物并不那么容易，要接纳新思想也不会很迅速，但我们会努力跟上时代的脚步，所以请孩子等我们一下，体谅我们一下。

同时，我们也要提醒孩子懂得接纳我们，不要凡事都顺着他的意思，毕竟《弟子规》中也提到“亲所好，力为具”，对于那些积极健康的，不违背原则的“旧”东西，如果我们喜欢，那么他也不应该太过排斥，而是要尽量站在我们的角度，接纳过去的“旧事物”。

不是所有的旧事物都没有吸引力的，当孩子对旧事物有所接触有所了解时，他可能也会发现其中的魅力所在。也就是说，我们可以顺应他努力去接纳新事物，同时也要提醒他尝试着去接纳我们所欣赏与提倡的东西。

追星——孩子成也偶像，败也偶像；引导得当则成，不当则败

现在的孩子一谈及到自己的偶像，眼神会放光，神情会变得异常兴奋：“哇，我的偶像！”甚至手舞足蹈地说：“这回不管怎么样，我都要去看

TFBOYS 的演唱会！”有的孩子甚至模仿偶像的动作、穿着打扮等等。

公交车上，两位彼此熟识的妈妈偶遇，几句寒暄之后，两人的话题立刻就转移到了孩子身上。

甲妈妈忽然说道：“哎呀，你都不知道，我家那丫头最近迷上什么韩国组合，天天听那叽里呱啦也听不懂的歌，满屋子贴的都是他们的海报。你说一个小姑娘家，屋子里全都是男人的照片，还整天说这个帅，那个帅的，这让我听了都脸红。可一说她，她就说我是老古董。”

乙妈妈连忙点头，一副非常认同的样子：“别提了，您这感觉我太能体会了。我家小子也是这样！天天听那什么鸟语的歌，震得满屋子嗡嗡响，一说他他就来劲，直说是我跟不上潮流。您说听那么多歌还什么潮流？追偶像追得跟疯子似的，居然还学上人家那穿衣打扮了，整天弄得跟鬼似的，我更头疼。”

两位妈妈彼此交换了一下眼神，互相了然地一同叹了口气，妈妈甲最后总结道：“算了，不说了，现在的孩子都追星，这是他们的通病吧！”

在父母眼中，孩子追星都已经是一种“病态行为”了，当父母一直抱有这样的思想时，自然也就无法理解孩子，更无法和他有更好的沟通。

说得简单一点，追星就是一种偶像崇拜，而孩子之所以会崇拜某一个偶像，就是因为那个偶像身上可能有他所认同的东西，不管是外貌、声音、演技，还是性格、习惯、成绩、为人，总有一点可以吸引孩子，所以他才会对那人产生好感，并进而出现崇拜心理。

其实这是一个正常的心理过程。我们小时候有没有追过星？歌星、影星、劳模、英雄……我们当年的生活似乎也是这般丰富多彩的。

只不过这个时代的孩子追的星，也许是我们所无法全部理解与接受的。因为这时候的明星们可能很另类，不仅有我们所无法理解的外貌、声音以及穿着打扮，更可能带有我们所无法认同的言论或思想。所以，当我们的孩子竟然将这样的人当成是偶像来追时，我们自然会觉得不可理喻。

可这就是当前的潮流、时代的发展，我们不接受并不能阻挡时代的脚步。既然阻挡不了这个潮流，改变不了大环境，那我们倒不如改变一下自己。重新认识一下追星，将其当成是孩子学习的一种方式。只是这其中要加入我们对孩子的引领与指导，让孩子能学会合理追星，追“合理”的星。这样一来，孩子追星这件事也就可理解了，没准儿他还能追出名堂来。

● 好好了解一下孩子所追的“星”

一位妈妈向来反对女儿追星，对于女儿追的美少女三人组合，她怎么看都不顺眼。但有一次，她无意间在报纸上看见了一段对这个组合的介绍，里面提到了组合从成立到成功的艰辛过程，提到了他们为梦想而付出的努力。妈妈忽然觉得，如果从这个角度来看，女儿追追这样的星倒也是好事。

我们的不理解往往就会成为我们拒绝让孩子追星的直接理由。“你一点也不了解他”，有多少父母在阻止孩子追星时，曾经收到过这样的回答？没错，我们一点也不了解孩子追的那个星，可能我们只知道他的名字，只看到了他另类的外表风格，只听到了他莫名其妙的歌声，只看到了他在我们眼中没什么的演技。但这些都是表象，他的内在是怎样的？他有怎样的经历？由于我们不喜欢他，可能根本就不会去了解这些问题。

“没有调查就没有发言权”，这是我们一直都知道的道理，可在孩子追星这件事上，我们却明明白白地犯了这个错误。所以，先抛却对那个星的某些感觉，找找他的相关资料，看看他的成长历程，了解一下他的为人、思想、品德、价值观等，也许我们就会发现一些眼前一亮的东西。当然，就算我们发现了这星的确不好，这也不失为一种收获，这样我们就有更多的理由来劝说孩子远离这个不值得他追的星了，不是吗？

● 教孩子学会正确地去“追星”

有的孩子为了追星而大笔地花钱，明星的演唱会、电影他都要去看；明星出了唱片他要买；明星的行头他能置备的也要置备下来，不能置备的就算模仿也要模仿来；他学明星的说话，学动作，学行事，他恨不得变成明星的影子；他的情绪随着明星的情绪变化，每天最关注的不是自己学到了什么，而是明星吃了什么……

当孩子追星追成这样，我们也就不得不介入了，因为他这样的表现就意味着他追星追到了歧途，要立刻将他拉回来，要教他正确追星。比如，要提醒孩子，追星追的不是外表，而是内在，不要什么都去模仿他，人还是要保持自己的风格的好。当然，他的歌可以听一听，他的电影可以看一看，但孩子还要保持自己的生活节奏，不要让明星打乱了他的生活。

尤其要提醒孩子认清楚自己现在的处境，也要认清自己的责任，追星并不是他人生中必须要做的事，但各种各样的学习却是他不能逃避的现实。而且他生活在普通人群中，与明星有各种各样的差距，所以他应该带着欣赏的眼光去看待明星，而不是将他当成模板，非要改变自己的生活。

● 引导孩子追一些值得追的“星”

现在的孩子追的星，范围太窄了，他们似乎只看到了歌星、影星、电视剧明星，其他方面的星他们根本就没有注意过。而事实却是，在其他各个领域，都存在值得他去追的星。所以，我们要帮孩子扩大追星的范围，也要领着他去看看娱乐圈以外的世界。

如科技界的明星不畏艰难，为了科研事业奋斗的精神就值得孩子学习；体育界的明星为国争光，不怕辛苦，奋勇拼搏的精神也是孩子学习的榜样；军事界的英雄怀抱一腔爱国热血，用血肉之躯铸造守卫祖国的钢铁长城，可以很好地激发孩子的爱国热情；就算是普通的民众，也同样存在草根明星，尽管出身平凡，却做出了不平凡的事业，也是孩子学习的身边楷模。

当然，这样的星不一定能引起孩子的喜欢，我们也没必要硬逼着他去认识他们，可以让这些人的事迹在他的生活里看似无意地出现，和他一起看一看他们的新闻，听一听他们的故事，聊一聊他们的事迹……逐渐引起孩子的兴趣，这样他也许就会被他们所感动。

● 不妨和孩子一起追星

追星并不是青春期孩子的专利，我们也同样可以追星，而且，当我们能和孩子一起追一个同样的星时，他会觉得我们也跟上了他的脚步，我们是和他在一起的，他可能会更乐于与我们交流。

所以，遇到合适的明星，遇到那些连我们都能感动的明星，我们也可以和孩子一起成为他的忠实粉丝，和孩子一起欣赏他的魅力，学习他的精神。在这个过程中，我们也可以提醒孩子注意学习这个明星好的地方，使他能更正确地去追星。平时交流时，我们也可以将明星的优点拿来与孩子讨论，引导他自己产生想要主动向其学习的意愿。

在追星过程中，我们也可以利用自己理智的追星行为来影响孩子，让他看看正确的追星该怎样追，使他不至于陷入疯狂与盲目地追星中。

第五章

人格教育关键词

培养孩子有一点特别重要，就是让他拥有健全的人格，就是要培养孩子的道德品质、综合素养，让他拥有高尚的人格。正如苏格拉底所说：“人有了人格的尊严，必不甘堕落为禽兽，而品德也自然提高。”所以，必须要重视人格教育。

孝道——学孝道有用吗？孩子有一颗孝心为什么依旧很重要？

一说“孝道”这个词，很多父母的第一反应就是：孝道已经过时了，都什么年代了还学老一套的东西？这样想是非常错误的。孝道非但没有过时，而且还非常“新鲜”，还十分有价值，特别值得每一个人去学，包括我们做父母的，当然也包括孩子。为什么这么说呢？

我们都知道，今天的教育形式大概有三种：一是家庭教育，二是学校教育，三是社会教育。其实对于孩子来说，他同时在接受这三种形式的教育。但就这三种形式的教育来说，最重要的就是家庭教育。家庭教育如果做不好，学校教育、社会教育几乎对孩子一生的发展不起什么太大的作用。因为家庭教育不好的孩子，他就失去了成长的根基。

2012年7月底的那次台风，深圳市有11.5万棵树被台风吹倒。为什么？不仅仅是台风太大了，而是那些树没有深深扎入泥土的根。所以有句话讲：“树根扎得深，不怕台风吹。”教育孩子也是如此，家庭教育，其实就是扎根教育。

那么，家庭教育是教孩子会做题，还是教他会做人？二选一。当然选会做人。会做题，是学校教的。既然学校教育重在教孩子学知识，那家庭教育就应该重在教孩子学做人。做人的根本，其实是德行的教育。而德行教育的根本是什么呢？就是孝道教育。因为，“夫孝，德之本也，教之所由生也”。也就是说，孝道是一切教育的生发点，教孩子一定要从孝道教起。

来看“教”这个字，左边是“孝”，右边是“文”，讲的就是教育的次第问题：先教孩子学孝道，学做人，再教他学文化，学知识。可今天的父母是怎样教的呢？仅仅是教孩子学文，而没有教孩子学孝。结果让教育变得本末倒置了，只注重了教育之“末”，而没有抓住教育之“本”。孩子学习没有主动性，父母只能是催促，如此往复，父母“一个头两个大”，孩子还是依然“厌学”。而如果先教孩子学孝道呢？他有了一颗孝心，会好好学习，会积极乐观地生活，以后也会有好的工作、好的前程，更会有幸福美满的人生。那我们为什么不教孩子学孝呢？我们为什么不带头学孝呢？

《弟子规》开篇第一章就是“入则孝”，里面有一句“亲所好，力为具”，如果孩子掌握了这句话的精髓，那他就懂得如何去做了。父母都希望自己的孩子学习好，但遗憾的是，今天的孩子乐意主动学习的太少了，学习变成了一件苦不堪言的事。古人提到学习，那是“学而时习之，不亦说乎”，而现在都成了“不亦苦乎”。如果我们的孩子也是“不亦苦乎”，那基本可以断定，他的孝心还没有被激发出来。因为一个有孝心的孩子，知道父母希望他能学习好，他就会自动自发地学习，因为“亲所好，力为具”，他根本就不用父母在后面催逼，更不需要父母用物质、金钱奖励来诱惑。所以，孩子有孝心，他就会好好学习。

有一位小学老师，对父母非常孝敬。他从来不强迫孩子去学习，而孩子的学习却是自动自发的。对孩子的学习，他曾这样说：“很多时候，我都限制他学习，比如说晚上，他都学到很晚，都是我让他熄灯睡觉的。有时候早上我还没起床，他就已经早早起来看书了。孩子对我说，他不想让我操心他的学习，他一定会奋发努力的。”

后来，这个孩子以优异的孩子考入一所全国重点大学读了本科、硕士、博士。因为这位老师非常孝敬父母，孩子从小就看在眼里。在孩子看来，自己能做的，就是主动地、积极地去学习，不让父母失望，他认为这就是对父母尽孝。当然，这个孩子在做人处事方面也比同龄孩子优秀很多。

这就是为什么我们要教孩子学孝的重要原因之一吧。

一个懂得孝道的孩子，绝对不会做出让父母操心的事，他做事前一定会好好掂量，做这件事是否有违孝道。比如，他不会伤害自己，不会因为一些所谓的挫折、困难而自残、自杀，他会善待自己，因为他懂得“身体发肤，受之父母，不敢毁伤”，因为他知道自己“身有伤，贻亲忧”，这都是有孝心的体现；当然，他也不会去伤害别人，因为他有一颗大孝之心，懂得“泛爱众”，知道每个人都是父母所生，自己不能伤害自己，当然也不能伤害他人，否则他人的父母也会伤心难过；他不会去做违法乱纪的事，因为那会给父母蒙羞，是不孝的行为。正所谓“德有伤，贻亲羞”。他会做什么呢？他会好好学习，会“立身行道，扬名于后世，以显父母”，也就是尽己所能，取得一番成就，彰显父母的德能，这是“孝之终也”。所以，孩子如果有了孝心，那他的人生之路也会走得非常踏实，父母这一生都会安心了。

关于孝道的另外一点也特别值得重新认识。那就是真正的孝道，没有愚孝。有人说，孝道，不就是完全要听父母的话吗？不就是完全要顺着父母吗？那才叫“孝顺”呢？其实，这也是一种误读。因为《弟子规》的“入则孝”篇讲：“亲有过，谏使更，恰吾色，柔吾声。”就是说，当父母有过错时，做子女的一定要劝谏，使父母改正。而“恰吾色，柔吾声”就强调了劝谏的态度与方法，也就是说，子女劝说父母的时候，表情要和悦，说话的语气要柔缓，不能怒气冲冲地用指责、命令的口气劝导，否则父母很难接受。这一方面是说，父母不是圣人，也会犯错，所以，子女要懂得劝谏；另一方面是说，劝谏，要注意方式方法，不可以对父母大声呵斥，因为父母是长辈，即使他们做错了，子女也应该从内心去恭敬他们。

在儒家另一部经典《孝经》中有这样一段话：“父有争子，则身不陷于不义。故当不义，则子不可以不争于父……从父之令，又焉得为孝乎！”这里的“争”通“诤”，就是直言规劝的意思。意思是说，对父母而言，如果有敢于直言进谏的孩子，父母就不会陷于不义之中。因此，如果父母要做不义之事，孩子不可以不劝阻，如果只是盲目地遵从父母的命令，又怎么称得上是孝顺呢？没错，做子女的如果明知父母有重大过失，却睁只眼闭只眼地任由父母做错事而不劝谏，那就是陷父母于不义之中。《孝经》中的这段教诲与这句“亲有过，谏使更，恰吾色，柔吾声”不谋而合。

再讲一个“曾子受杖”的故事。

《孔子家语·六本第十五》记载过这样一件事："曾子耘瓜，误斩其根，曾皙怒，建大杖以击其背，曾子仆地而不知人久之。有顷乃苏，欣然而起，进于曾皙曰：'向也参得罪于大人，大人用力教参，得无疾乎？'退而就房，援琴而歌，欲令曾皙而闻之，知其体康也。"

曾子是孔子的学生，从小就孝敬父母，以其孝行而著称乡里。

一天，曾子与父亲曾皙在瓜地里劳作，她不小心斩断了瓜苗的根，父亲看他不爱惜植力，做事不谨慎，于是很生气，便举起手上的大杖朝曾子的背部打去。曾子知道自己做错了，很惭愧，所以就没有逃避，而是跪在地上一动不动地让父亲打。没想到，父亲用力过猛，曾子的身体承受不了，结果晕过去不省人事了。

过了好一会儿，曾子才睁开眼睛醒过来。他不但没怪父亲，反而为了让父亲不担心，还高高兴兴地爬起来，整理好衣冠后，又恭恭敬敬地走到父亲面前行礼，并问父亲："父亲大人，刚才您费了这么大力气教育我，您的身体有没有不适呀？"问候完毕，见父亲也没有什么大碍，就放心了。于是他退回自己的房间，拿出琴开始弹唱起来，希望父亲能听到自己欢快的歌声，让父亲确认曾子的身体无恙，从而安心。

故事讲到这里，我们也许会觉得曾子太孝顺了，简直是愚蠢。曾看过有的很有影响力的教育专著里也讲过这个故事，不知作者真是对此一知半解，还是有心为之，他讲到这里就截止了。之后就开始批判儒家文化，说古人愚孝，不尊重人格，宁肯被父母打死，也要顺从父母，云云，进而上纲上线，大肆批判古代教育的不是。

可事实上，故事并不是到这里为止的，到这仅仅讲了一半。接下来的一半，《孔子家语 六本第十五》是这样记载的："孔子闻之而怒，告门弟子曰：'参来勿内。'曾参自以为无罪，使人请于孔子。子曰：'汝不闻乎？昔瞽瞍有子曰舜，舜之事瞽瞍，欲使之未尝不在于侧；索而杀之，未尝可得。小棰则待过，大杖则逃走，故瞽瞍不犯不父之罪，而舜不失烝烝之孝。今参事父，委身以待暴怒，殪而不避，既身死而陷父于不义，其不孝孰大焉？

汝非天子之民也，杀天子之民，其罪奚若？’曾参闻之曰：‘参罪大矣！’遂造孔子而谢过。”

别人都敬佩曾子的孝顺行为，可孔子听说这件事后，竟然很生气，还对其他弟子说，曾参来了不要让他进门。弟子们感到很奇怪。曾子知道后，反省一番后认为自己没有什么错，于是就请其他同门向老师请教。

孔子对来请教的弟子说：“你们难道没有听说过吗？从前有一位瞽瞍，他的儿子叫舜。舜在侍奉他父亲瞽瞍时非常尽心，每当瞽瞍需要舜时，舜都能及时在一旁侍奉；但当瞽瞍要杀他时，他却跑得远远的，没有一次能够找到他。所以说，如果父母拿小棍子打你，你就要受着；如果拿大棍子打你，你就要赶快跑。这样，瞽瞍就没有犯下为父不慈的罪过，舜既保全了父亲的名声，也极尽了孝子的本分。现在，曾参侍奉他父亲，却不爱惜自己的身体，直接拿身体去承受父亲的暴怒责打，就算死也不回避。如果真被父亲打死了，那不是陷父亲于不义吗？哪还有比这更不孝的呢？难道你不是天子的子民吗？杀了天子子民的人，又该定他什么罪呢？”

弟子们听后恍然大悟，而曾子知道这些后，也一下子明白过来，不由得感叹：“原来我真的是犯了大错啊！”于是诚恳地向孔子拜谢并悔过。

的确，因为父母生气的时候情绪难以控制，假如孩子在那里跟父母硬碰硬，父母可能更生气，要是失手把孩子打伤了，甚至打死了，那伤心的还是父母。所以，真正有孝心的孩子是不会把父母陷于不义的，也不会让父母伤心难过的。所以说，如果责备我们的人情绪异常激动，甚至要打我们，那么我们还是先“走”为妙。可见，《弟子规》中的教导并不是死板的，而是灵活的。只要我们存着一颗孝敬父母、恭敬父母的心，并把这种态度延伸到生活中的每一处，那么我们和孩子必将获得幸福美满的人生。所以，古圣先贤关于“孝道”的教诲，是非常有智慧的，而不是所谓的“愚孝”。

既然孝道的培养对孩子来说如此重要。那么，我们在日常生活中又该如何教孩子学孝道呢？这一点也不难，只需要我们把握几个原则就可以了。

● 给孩子做有孝心的榜样

父母要时时刻刻给孩子做个好榜样，时刻懂得孝敬自己的父母，这是最重要的原则。如经常打电话问候父母，常回家看看；经常给自己的父母洗洗脚，捶捶背；如果条件允许，经常带父母外出走走；记得给父母过过生日，祝福他们；自己生日时，要记得感恩父母；父母如果生病了，要悉心照料他们；父亲节母亲节，记得给父母送份礼物；经常跟父母聊聊天，说说心里话；父母错了，要原谅他们，并善于规劝；定期带着父母去医院做一下体检；记得给父母买爱听、爱看的戏曲碟片；无论如何，都不说伤害父母的话；一定要懂得关心父母的精神生活等等。还需要注意一点，就是在做事之前想一下，自己的行为是否能够给孩子带来正面的影响。

● 教孩子懂得“知恩报恩”

要让孩子感受父母的恩德，知恩、感恩、报恩。有人曾总结出慈母十大深恩：第一，怀胎守护恩；第二，临产受苦恩；第三，生子忘忧恩；第四，咽苦吐甘恩；第五，回干就湿恩；第六，哺乳养育恩；第七，洗濯不净恩；第八，远行忆念恩；第九，深加体恤恩；第十，究竟怜悯恩。而父亲也付出了很多，比如，孩子的生日就是“父忧母难日”，父亲为整个家庭的经济状况拼搏付出。这些都应该告诉孩子，让孩子从小就明白。

● 教孝道时要做到“亲师配合”

在古代，父亲带孩子第一次到私塾见老师的时候，是要给老师行三跪九叩的大礼的。在孩子眼里，父亲就是天，父亲竟然给老师行如此的大礼，孩子在内心是非常震撼的，日后他一定会非常听老师的教诲，而不会跟老师顶嘴。对老师有一分的诚敬，学生就能得到一分的利益；对老师有十分的诚敬，他就能得到十分的利益。

父亲三跪九叩，就代表把孩子交给老师了，老师也非常负责任，一定会教孩子做人，一定会教孩子孝敬父母。因为父母对孩子说，你要孝敬我，他说不出口来；老师对孩子说，你要尊敬我，他也说不出口。所以，亲师配合。也就是说，父母教孩子尊师，老师教孩子孝亲。一个人只有孝亲尊师，他才能有大的作为。在历史上，这一点得到了充分的证明。

今天，依然需要亲师配合。父母依旧要对孩子的老师恭敬，更不能在孩子面前说老师的坏话。孩子看到父母如此尊敬老师，自然也会对老师心生起恭敬，从而认真学老师教的课程。只是，有些老师并不会在课堂上教育孩子要孝敬父母，所以如果有机会，父母也可以就此跟老师沟通交流，请老师适当地点一下孩子，引导他对父母要有一颗孝心。

● **父母之间也要懂得配合**

所谓“父母配合”，就是父亲要把母亲的恩德告诉孩子，母亲也要把父亲的恩德告诉孩子。如父亲可以跟孩子说：“母亲怀胎十月，非常辛苦，还经常呕吐，吃不下东西；生产的时候也是非常痛苦，但一看到你，所有的痛苦都化作了快乐；你出生后，妈妈一步不离地照顾你，把你养大，实在是付出了太多。你可以不孝敬我，但你不可以不孝敬你的母亲。”做母亲的可以这样跟孩子说：“你父亲为这个家辛苦奔波，为了让咱们能过上好日子，拼命地工作，挣钱养家，非常辛苦。你可以不孝敬我，但你不可以不孝敬你的父亲。”当我们这样跟孩子讲的时候，孩子一定会思考：原来爸爸妈妈为我付出了这么多，我一定要好好地孝敬他们，报答他们。这样，孩子的孝心就被激发出来了。

父母配合，要注意教育原则的一致，不能一个说东，一个说西。古代，夫妻双方都不用讨论便知道如何教育孩子。但今天，很多父母已经不知道怎样教育孩子了。为什么会这样？因为古人有家训可以遵照，而今天的人已经没有家训了。怎么办？那就需要透过学习，学习教育的智慧。所以，父母不妨学一下《弟子规》，可以把《弟子规》作为自己的家训纲领、原则，以此来进行自我提升，并对孩子施以教育。

感恩——弥足珍贵，一个人心中有多少恩，就有多少福

给孩子一颗感恩的心。无论是学校还是家庭，无论是老师还是父母，

都应该做这件事。感恩，并不是西方人的专利。感恩节虽然发端于西方，但这个节日所呈现出的精神，值得这个世界上的每个人学习，我们也不例外，孩子更不例外。感恩的心弥足珍贵，对于孩子，对于我们自己而言，都是如此。所以，我们不能不重视对它的培养。

说到感恩，可能有的父母认为，感恩是一个看不见摸不着的东西，孩子有没有这样的心，又有怎样的关系呢？其实不然，孩子有一颗感恩的心，他就会在人生的旅程中，处处遇到贵人，时时得到他人的提携。难道我们不希望自己的孩子遇到贵人吗？难道我们不希望自己的孩子得到他人的提携吗？当然希望。既然如此，我们为什么不重新认识一下“感恩”呢？

其实，感恩是一种对待生活的态度，也是一个人获得幸福的重要基础。因为我们每个人面对同一件事情，都有不同的心态，自然会产生不同的感受，而这种感受是不可能互相替代的。一个心态越平和、越懂得感恩的人，越会感到生活的美好和幸福。

有人用橘子比喻人的一生：有一种橘子大而酸，有一种橘子小而甜。得到大橘子的人会抱怨橘子太酸了，而拿到小橘子的人则抱怨橘子太小了。人在抱怨中生活，就会觉得自己很不幸福、很苦。的确如此，一个人心中有多少怨，他就会有多少苦；而一个人心中念多少恩，他就会有多少福。

如果我们习惯于去关注生活中的缺憾，怎么还会看得到人生中的美好呢？如果我们能够怀着一颗感恩之心去看待生活，生活就会发生改变。若我们拿到了酸橘子，就应该感谢它是大的；如果我们拿到了小橘子，就该感谢它是甜的。如此一来，内心便感到幸福。原来，幸福如此简单，它不在于我们得到了什么，而在于我们是不是拥有一颗感恩之心。

将一颗感恩之心传递给孩子吧，让他懂得对这个世界感恩。感恩是孩子幸福生活的源泉，感恩会让孩子更健康，更阳光，感恩的对面是抱怨，而抱怨却会把孩子推向痛苦的深渊。然而，我们如果对生活、对人事物处处都有不满的话，是无法影响孩子去感恩生活境遇的。所以，在教孩子学会感恩之前，我们首先应该学着感念人生。

一个人如果觉得周围的一切是给他的恩惠，他无疑会非常愉快地回馈，随之而来的就是强烈的幸福感。所以说，感恩的世界一定是幸福的世界。相反，如果一个人总是觉得大家都欠他的，他肯定会带着埋怨的心生活，怨气不但使他感觉不到生活的美好，而且周围的人也会因为反感而远离他。对于孩子而言，也是一样的道理。

我们应从孩子小的时候起培养他的感恩之心，教他懂得“滴水之恩，当涌泉相报”的道理。当他懂得用感恩的心来对待周围的一切人、事、物时，他的人生前程一定会变得更加美好！

当然，我们也要给孩子做一个好榜样。只有这样，我们会和孩子一起生活在感恩的世界里。那么我们应该从哪几个方面教孩子学感恩呢？

● 教孩子懂得感念祖国的护佑

今天，世界上还有一些国家处于战乱状态，许多孩子无家可归，他们失去父母，失去了兄弟姐妹，流浪于街头甚至奔波于枪林弹雨之中。他们的生活环境中充满了杀戮，他们不但不能安定地上学，没有温饱的生活，甚至连生命的安全都没有保障，他们的身心也无法得到安宁。这一切是生活在和平国度的孩子无法体会，甚至无法想象的。

相比之下，我们的孩子是幸福的，在祖国的护佑下孩子能够过上安宁而快乐的生活。因此，我们应该感念祖国的护佑之恩，并且将这种观念传递给孩子，让他懂得感念祖国。

教孩子懂得感念祖国的护佑，孩子就会为自己是一个中国人而感到幸福。那么，作为祖国的儿女，应该如何用实际行动感恩祖国呢？其实，在现阶段好好学习就是感恩祖国的最好方法，长大后认真工作也是在为祖国效力！

● 引导孩子感念父母的养育

这一点，在“孝道”一节中已经作了非常详细的阐述。感恩心的根源是孝心，父母是给予自己恩德最大的人，一个孩子能感念父母的生育、养育、教导之恩，才有可能谈及感念老师、感念朋友、感念生活……

其实，“身教胜于言传”这个道理永远不变。因此，我们自己先要对父母心存感恩，才能进一步地教孩子感恩父母。只要我们给孩子做最好的榜样，孩子就能有样学样。当然，做爸爸的也可以告诉孩子，妈妈十月怀胎的辛苦；做妈妈的也可以告诉孩子，爸爸为家庭的打拼。这样，孩子就会感恩妈妈，感恩爸爸。孩子的一颗感恩心由此产生。

● 教孩子感念老师的辛勤教导

近代著名思想家谭嗣同说“为学莫重于尊师”。一个人若想求学、做学问，首先必须尊师重道，在接受了老师的谆谆教诲而后成才。所以，要时刻不忘老师的教导之恩。现在，每位父母都会叮嘱孩子一定要好好学习，但却不是每位父母都记得叮嘱孩子要感念师恩。

事实上，只有尊重老师并且懂得感念师恩的孩子才能取得更好的学习成绩。因为，他的内心对老师充满了敬爱之情，他愿意听从老师的教诲，这样的孩子也会赢得老师的喜爱，那他怎么会不能取得好成绩呢？所以，我们要跟孩子一起，从内心尊敬老师，鼓励孩子在教师节给老师送个贺卡、自己亲手制作的小礼物，让他去探望一下他的启蒙老师，等等。只有尊师重教，我们的孩子才能真正受益。古语言“亲其师，信其道”，否则，最终受损的一定不是老师，而是我们的孩子。

● 引导孩子感念同学的帮助

孩子的成长离不开同学的帮助，所以，我们也应该引导孩子感念同学之恩，记得同学的好。这样，也有助于孩子处理好与同学间的关系，他会在学校里生活得更加愉快，学习成绩也就相对稳定得多。

当然，这种感念要有实际行动，就是他要主动去帮助同学。只要同学有正面的需要，只要我们的孩子力所能及，就应该去帮一下。

● 教孩子感念对他不好的人

生活中不仅仅有帮助我们的人，还有给我们带来挫折，使我们受到打击的人。这一点在每个人的人生中都不例外，没有谁会受到所有人的爱护，孩子也会在生活中遇到对他不好的人。尽管如此，我们也应该告诉孩子，要做到“不念旧恶”。有的孩子之所以不懂得感恩，是因为他的内心还保留着以往的不愉快。有人说，人心就像杯子，满了就再也装不进什么去了。因此，我们要告诉孩子不要记着过去的不愉快，不念旧恶的人才能更容易萌发感恩之心。忘掉那些不好的东西，心中永远会充满善的东西，孩子的人生会更精彩。

事实上，那些曾经伤害过我们的人犹如帮助我们打开心胸的钥匙，让我们变得更加宽容和淡定。要能够从“不好”中看到“好”的一面。明白了这一道理，我们就应该想到孩子也会在“对手”的帮助下成长。

一位有大智慧的长者曾说:“感激伤害你的人,因为他磨炼了你的心志;感激欺骗你的人，因为他增进了你的智慧；感激中伤你的人，因为他砥砺了你的人格；感激鞭打你的人，因为他激发了你的斗志；感激遗弃你的人，因为他教导你该独立；感激绊倒你的人，因为他强化了你的双腿；感激斥责你的人，因为他提醒了你的缺点。凡事感激，学会感激。感激一切使你成长的人！”可以将这段文字摘抄给孩子，希望他能从中有所领悟！

● **引导孩子感念自然万物与生活际遇**

每个人都生活在阳光下，阳光哺育万物生长，给我们温暖和明亮。我们要和孩子一起感恩太阳,它让我们每一天都充满希望;当大地干枯的时候，适时的风带来云雨，雨丝滋润着各种作物的生长……若不是伟大的大自然巧妙安排了这一切，渺小的我们怎会有如此巨大的力量？当孩子认识到自己的渺小,他会觉得生活的万事万物如此美好,感恩心就会油然而生。所以，大自然中的一切都值得我们和孩子从内心深处萌生感恩心。

同样，生活中的每一个际遇也值得孩子感恩。不管这个际遇是好的还是坏的，都是能够让孩子得到历练与成长的，所有的经历在经过沉淀后都是一种财富。所以，孩子没有什么理由不去感恩它们。

每个人的生活都是不尽完美的，有句话不是说“上帝关上一扇门，也会为你打开一扇窗”？悲观的人总是会看到自己不如他人的一面，却忘记了还有更多的人不如自己。教孩子感念生活的际遇，就是让孩子以平静、客观的心态去看待自己生存的环境和生活中发生的一切，他才懂得在原有的基础上去奋斗和努力，而不是一味地埋怨他人。

责任感——责任的承担是孩子成长的开始，要让他从小有担当

先讲一个流传了很久的故事吧：

1922年，美国有个11岁的男孩，因为燃放爆竹被警察罚了12.50美元。在当时的美国，1美元能买10只生蛋的母鸡，这些罚款相当于125只母鸡的价钱。虽然父亲认识那名警察，但父亲还是替他交了罚款，不过却要他归还，也就是让他自己挣出这笔罚款。

为还父亲的债，男孩只能边刻苦读书，边抽空辛勤打工挣钱。他到餐馆洗过盘子刷过碗，也捡过破烂。半年后，他终于挣足12.50美元还给了父亲。而父亲也肯定他是一个能为自己过失负责的人，相信他将来定有出息。

男孩后来回忆往事时，深有感触地说："通过自己的劳动来承担过失，让我懂得了什么叫责任。"

这个男孩，就是后来成为美国第40任总统的里根。

在做了总统后，他还常常提起少年时的这件小事，他认为，父亲教他学会做一个负责任的人，这让他受益一生。

这位看似平凡的父亲，能如此严格地教育儿子，说明平日里的他一定是个很负责任的人。如果里根的父亲没有强烈的责任感，他也许会跟警察说情，请求少交一点罚款，也许回家象征性地批评一下里根了事，也许不会有让儿子还钱的想法，当然也许看儿子为了还债那么辛苦而收回成命……他没有这样做，因为这个父亲懂得责任对人一生的重要。

可见，责任的承担是孩子成长的开始，要让他从小有担当。

如果父母不给孩子承担责任的机会，那他永远也不会长大，永远会躲在父母的羽翼下。一旦他离开父母，他就会寸步难行；一旦他走向社会，他就会跌跟头……也就是说，一个不能承担责任的孩子注定成不了大器。

让孩子自己承担过失，看似很残酷，好像不近人情，其实这正是我们对孩子的一种深沉的爱。一般来说，孩子犯错误的时候就是我们教育他的时候，因为此时，他的内心会感到愧疚和不安，使得他更容易听得进道理，总结出经验和教训。

行为心理学认为，对孩子教育时，适度的惩戒是必要的，也是有价值的，因为它对孩子责任感的养成有一定促进作用。没有惩戒的教育是脆弱的。惩戒并不是体罚，而是一种教育手段，是为了让孩子对自己的错误感到愧疚，学会承担责任。可以说，里根的父亲让他还钱就算这一类惩戒。

所以，我们要教育孩子从小对自己的行为负责，不要替孩子承担一切，否则会淡化孩子的责任感，不利于他的成长。在孩子的成长过程中，我们还必须让孩子懂得为自己的过失负责，养成可贵的责任感，他才能独立应付生活的考验。

在中央电视台一档访谈类节目中，嘉宾讲了这样一个小故事：

有一次，我到瑞士访问。在一个洗手间里，我听到隔壁小间里一直有一种奇特的响动。由于这响动时间过长，而且也过于奇特，因此不觉吸引了我的好奇。

在好奇心驱使下，我通过小门的缝隙向里探望。这一看使我惊叹不已。原来，小间里一个只有七八岁的小男孩正在修理马桶的冲刷机构。

我向前一问才知道，是这个小男孩上完厕所以后，因为冲刷设备出了问题，他没有把脏东西冲下去，因此他就一个人蹲在那里，千方百计地想修复那个冲刷设备。而他的父母、老师当时并不在身边。

这件事令这位嘉宾非常感慨：一个只有七八岁的小男孩，竟然有如此强烈的负责精神！

是的，可以说这种负责精神已经渗透到了小男孩全身的每个细胞。从这个负责任的男孩身上，我们可以想一下，他未来会不会有能力担当大任？小时候负责小事，长大后自然能成就大事。

因此，我们不要再培养“精明”的孩子，有了问题就给自己找借口，出了事情就给自己开脱说是别人的原因，等等。这样的“精明”孩子要的小聪明，一眼就会被人识破，最后，他一定是“聪明反被聪明误”，到那时，我们做父母的就会后悔不已。

对于孩子而言，责任感能够让他以一种认真、负责的态度来对待自己周围的人和事。所以，具有责任感的孩子往往能以负责的态度对待自己的学习，能以友好的方式与同伴相处，能及时有效地处理周围发生的事情。就是学习，都离不开责任感。这一点，可能有的父母并不清楚。研究发现，天才少年之所以聪明，是他们往往比平常儿童有更多的责任感，从而促进这些孩子认真思考、有效学习。所以，责任感是让天才少年学业突出的一个重要因素。看，做人、做事、学习，甚至是交往，都离不开责任感。

而一个没有责任感的人，是缺乏理想的，是没有灵魂的，他只想索取，不想付出，因为他没有从根本上认识到自己应该在社会中、在家庭中扮演怎样的角色。一个没有责任感的人，在工作和学习中只能应付别人，但同时也是在应付自己，他会注定一事无成、一生无成。只有积极主动地担负起他应该担负的责任的人，才能成为一个对国家和社会有用的人。

孩子不仅要对自己的言行负责，还要对关爱他的父母、老师和同学负责。孩子也是社会的一员，所以，一定要让他学会对国家、对社会负责。要让孩子从身边每一件小事做起，教育他成为一个有责任感的人！

● 父母先要提升家庭责任意识

家庭是孩子成长的重要场所，我们要想培养孩子有责任心，首先要提升自己的家庭责任意识。有的父母不知道自家的物品放在哪里，也很少参与家务劳动，把家务活交给保姆或是家里的老人来做，甚至对家庭成员的行踪漠不关心……自己就像是家里的客人，家也好像是一个旅馆。这样的“责任心”，如何培养有责任心的下一代？一个有强烈责任感的父母会不断提升责任意识，从而真正影响出一个有责任感的好孩子……

在生活中，我们要特别重视自己的一言一行。如不要忽略家庭中的任何一件小事，包括及时修理好家用电器，认真做饭，打理好家务等等。这些都处处体现着我们的责任心；如少说推卸责任的话，遇到事情不要抱怨、责备，因为这暗含着推卸责任的心态，会影响孩子，当他遇到不顺心时也会习惯性地指责别人；如要多为他人着想，在生活中、工作中多点付出少些计较，多点体谅少些埋怨，多点理解少些要求，多换位思考少唯我独尊等。这种力量很强大，会让我们和孩子一同树立起强烈的责任感。

● 要放手，让孩子从小事做起

培养孩子的责任感不要忽略孩子身边发生的日常小事，小事往往会对孩子责任感的养成发挥巨大的作用。在孩子成长的过程中，每天他都会遇到许多小事，我们一定要善于抓住这些点滴小事培养孩子的责任感。

如孩子小的时候，可以让他自己盛饭，自己拿凳子，自己吃饭等。开始，孩子可能不习惯，我们可以和孩子一起来做，我们多做点，让孩子学着做。慢慢地，孩子做起这些小事来就会比较自然。随着孩子年龄的增长，可以放手让他多做一些事。这样，孩子就会明白，这些小事都是他的责任，他必须自己完成。由此，孩子的责任感就会慢慢形成。

这个过程，我们最易出现的就是急躁，看着孩子笨手笨脚地干那些大人两三下就能做好的事情，很容易说："算了，算了，我来吧！"要记得，我们的用意不是赶快把事情做完，而是培养孩子。所以，我们要耐心地对孩子提供帮助，告诉他："不要着急，慢慢来。"等孩子做熟了，就可以让他经常做，千万别忘记给予明确的鼓励和肯定。

● 鼓励孩子勇敢地承担起责任

要鼓励孩子敢作敢当，不逃避责任，勇于承担自己行为的后果。正如著名教育家茨格拉夫人所说："必须教育孩子懂得他们不同的一举一动能产生不同的后果，随着时间的推移，孩子一定会学得很有责任感。"

如果孩子不小心打破了谁家的玻璃或损坏了公共物品。不要责备，而是引导孩子详细描述事情经过，从中帮助他明白自己的错误。当然，向人家承认错误是必需的，但事情并没有结束，还要教育孩子赔偿物品。这是孩子懂得负责任的开始。在这个过程中，别忘了肯定他的诚实和勇敢。

● 教孩子管理好自己的物品

孩子的生活空间很细致，他的家当无非是一些铅笔、橡皮等文具或是一些小物件。而教孩子学会管理好自己的物品，也是在培养他的责任心。

有这样一位爷爷，又一次在孙子的铅笔盒里发现了不属于孙子的铅笔。看看这位爷爷多么细致，他清楚地知道孩子的文具。爷爷一再追问这是谁的铅笔，孩子也稀里糊涂的。爷爷说："借用完别人的东西，一定要及时地还，明天要找到失主，并还给他，而且记得道歉。"

这也是在提醒父母：孩子的责任心就是在点滴的小事中培养起来的。

● 要求孩子做事一定要有始有终

很多孩子做事都虎头蛇尾，长此以往，孩子就会越来越没有责任心。所以，我们一定要选难度适当的任务让孩子完成，在这个过程中给予他适当的帮助和监督，提醒他不轻易放弃，养成有始有终的做事习惯。这样，既可以培养他做事的信心，也可以培养他做事的责任心。

宽容——有容乃大，孩子心胸有多宽广，人生舞台就有多大

如果别人对我们不好，我们是要记恨他一辈子，还是选择忘掉？是气得要死，还是选择从心底放下？有句话说，"生气就是拿别人的错误惩罚自己"。的确如此，当我们选择善待他人的时候，其实也是选择善待自己。这其中，就有"宽容"的精神。

宽容到底是什么？可能这句话最能表达其中的内涵——"一只脚踩扁了紫罗兰，它却把余香留在你脚跟上，这就是宽容。"难道不是吗？紫罗兰没有跟踩扁它的脚计较，还把自己的芳香留在了踩扁它的脚上。这当然是"宽容"。

宽容之于孩子，虽然不像水、空气之于孩子这般重要，但如果孩子没有一颗宽容心，他就不会拥有人生宽广的大舞台。正所谓"心胸有多宽广，人生舞台就有多大"。真的是这样吗？

先讲一个小故事吧：

当年，曾经有人问爱迪生，让他说说对小时候把他耳朵打聋的那位列

车员的看法。很多人都以为爱迪生肯定会很气愤。

可是，令人感到意外的是，爱迪生并没有指责那位列车员，相反，他却幽默而机智地回答：“我非常感谢他，感谢他给了我一个听不到喧嚣的环境，让我能专心致志、一心一意地完成更多的试验和发明！”

爱迪生不仅宽容了那位列车员，而且还在那次不幸中找到了发明创造的动力和源泉。

这难道不能说明一些问题吗？难道不值得我们反思吗？

所以，一定要重新认识“宽容”这个词。不但孩子要宽容，我们自己也应该宽容。这样，家庭氛围才是宽容的，才是和谐的，全家的相处才是和乐的，那真是快乐的一家、人见人羡的一家。孩子也能从中获得一生受用的益处。

还有的父母可能有疑问：我的孩子宽容别人，别人不宽容我的孩子，我的孩子不是吃亏了吗？其实这样的担心没有必要。一般而言，孩子宽容别人，别人也会宽容孩子。即使别人不懂得宽容，人生舞台变小的是别人，想不开的是别人，犯错的还是别人，而不是我们的孩子。别人对不对不重要，重要的是自己先要做对。人生的福分，其实就在于自己做对的事情。所以，不要有这样的担心，只管让孩子大胆地宽容就好。

另外，心胸宽广有助于孩子更好地接纳新事物，学习新东西。一个具有宽广心胸的孩子，不会只拘泥于自己眼前的一点事情，他会去探索新的领域，学习新知识，丰富自己的见识。而且，心胸宽广的孩子也不会只满足于自己所取得的一小点进步，他会有更远大的志向。

宽容心还能够使孩子性格开朗，充满阳光。孩子在生活中，总会遇到一些不顺心的事，如果孩子不能放下这些烦心事，总是想着它们，那么他就不会快乐，甚至会变得总是抱怨，经常乱发脾气，做事爱走极端。而如果孩子学会了宽容，他就懂得宽容别人，同时也能够放得下那些烦恼的事情，脸上会经常露出笑容，他就会变得乐观、稳重。

一个具有宽容心的孩子也将很受人欢迎。在这个世界上，没有人愿意和小肚鸡肠的人做朋友，也没有人愿意去跟一个心胸狭窄的人共事。而心胸宽广的孩子往往是心地善良、善解人意，也有容人的雅量，知道宽容他人的错误，也知道如何与他人更好地合作与相处。所以，懂得宽容的孩子会结交到更多的好朋友，在他遇到困难的时候，也会得到更多的帮助。

孩子具有了宽广的胸怀，在学识、性格和人际关系三个方面他都会有很大的收获，而这三个方面正是决定他能否成才、能否成功的三个关键因素。因此，我们在教育孩子时，要培养他拥有一个宽广的胸怀，只有这样孩子才能够拥有比蓝天和大海更加广阔的世界。

那么，怎样才能让孩子"人生的大舞台"变得更大呢？

● 给孩子营造宽容的家庭环境

我们在日常的家庭生活中注意宽以待人，为孩子营造出一个充满宽容的家庭氛围。这样，不用我们多费口舌，孩子也能轻松学会宽容。

有这样一个三口之家：

爸爸妈妈性格都很开朗，在生活中他们几乎不吵架。

有一次，爸爸在收拾物品时，不小心把一个玻璃杯打碎了，妈妈和儿子当时也在场。看到爸爸打坏了物品，妈妈并没有生气，而是笑着说道："你真是个'大马虎'，这次原谅你了，下次注意呀！"爸爸听完也笑着答道："一定一定。"于是，这件事情就这样过去了。

几天后，妈妈也因为不小心弄坏了儿子非常喜欢的一个玩具汽车，她很担心儿子会因此而哭闹。可是出乎妈妈意料的是，儿子在听到这件事情后，并没有表现出不高兴，他模仿着妈妈的口吻说道："妈妈，您也是个'大马虎'，我原谅您了，但是下次注意啊！"

可见，夫妻之间宽容相待，能够深刻地影响到孩子。孩子如果经常可以看到父母互相谅解对方的错误，包容各自的缺点，那么他便会从中体会到爱，体会到家庭生活的温暖，也会了解到人与人之间应该怎样相处，他也会自然而然地选择用宽容心去对待生活中的人与事了。

所以，在家庭生活中，特别是夫妻间应该多用微笑去面对彼此，用宽容去化解矛盾。同时，也应该认识到，每个人都需要一定的个人生活空间，即使是夫妻间也不例外。所以，要互相留给对方一定的私人空间，并包容彼此的一些正常合理的习惯和爱好，而不要相互给对方提出苛刻的要求。

再有就是不要在孩子面前议论他人的长短，不要将街坊、邻居的家长里短拿来作为谈资。在背后议论他人的长短，本来就是一件不道德的事，是心胸狭隘的表现。而且，我们议论的往往是“短”多“长”少，在议论他人的时候也通常会带有嫉妒心理、仇恨心理或者是幸灾乐祸的心理。如果还当着孩子的面议论别人的长短，那就更是错上加错了。年幼的孩子在没有形成正确的是非分辨能力前，这方面的话对于他来说有着很大的影响力。当孩子总是听到父母议论他人的长短时，他也就会接受这种议论他人的说话方式，在生活中也会去关注别人的长短，使自己变得心胸狭隘。

● 适当宽容犯错误的孩子

在对待孩子时，有些父母就没有做到宽容，特别是对待犯错误的孩子时，一些父母经常是因为孩子的一点小错误而大发雷霆。结果，这不仅使孩子变得胆小懦弱，而且还会传递给了孩子一个信息，就是在对待别人的错误时，要严苛而不是宽容。

孩子犯的一些错误确实很让我们生气，而且有些错误比较严重，如说谎、不认真学习、旷课等，对待孩子的这些错误，我们的确应该严厉地批评他，帮助他改正。但是，孩子所犯的错误有些却是无心的、非主观意愿的。对待这样的错误，如果我们依然选择严厉地呵斥、对他不依不饶，那么就会对孩子的成长起到不好的作用了。

孩子犯错误，其实是教育的契机。如果我们老是严厉批评他，就会让他变得不敢再去尝试，做事情就会畏首畏尾，总是担心自己会被批评，这样孩子也就不能快速取得进步，而且也不利于培养他宽广的胸怀。因此，在对待犯了错误的孩子时，我们应该表现得宽容大度一些。当孩子做了错事之后，我们应该用平和的语气，指出孩子的错误，引导他自己认识到错误；当然也可以给他暗示，让他自己反思，进而主动改正错误。

需要注意的是，孩子在公共场合犯了错误，我们更要表现出宽容，有意识地保护孩子的自尊心，而不要在大庭广众之下批评孩子。在回到相对独立的空间之后，我们再平静地告诉孩子刚才他哪里做得不好。在我们宽容之心的感染之下，孩子是可以认清自己的错误并积极改正的。而且这样一来，他也能够学会对待他人错误的正确态度。

当然，我们对孩子的宽容要有一定的限度，不能对他的错误视而不见，更不能纵容他去犯错误。正确的做法应该是在不挫伤他做事积极性的前提下，宽容犯错误的孩子，帮助他改正错误。

● 教孩子学会理解并善待他人

如果孩子总是以自我为中心，不会了解他人的感受，那么这样的孩子不会是一个心胸宽广的人，他甚至不懂得去孝顺自己的父母。而对于家人以外的人，他更不会去善待。这样一来，孩子当然也就得不到他人的理解和善待了，他的人际关系肯定也不会好。所以，我们在平时要着重教育孩子想到他人，懂得换位思考，理解他人，得饶人处且饶人，懂得原谅他人，不要斤斤计较，并用自己的行动善待他人。

● 记得经常带孩子亲近大自然

对孩子来说，大自然就像是一位博学的老师，它会给孩子无穷的乐趣。正是在与大自然亲近的过程中，孩子感受到了一种无拘无束的快乐，而且还增长了见识。同时，孩子可以在自然环境中跑一跑，跳一跳，对他的身体健康也很有好处。如果我们经常带孩子到大自然中去，那么他就会忘掉忧愁烦恼，心理会变得更加健康，心胸也会更宽广。

因此，要多带着孩子到自然中去走一走，看一看。平时可以带孩子到家附近的公园、田野里去，教他辨认各种不同的植物、动物，让他认识到大自然的丰富和广阔。也可以和孩子欣赏蓝天白云，让他想象飞翔的感觉。还可以让孩子在自然中纵情地去奔跑，尽情地玩耍，让他体验自由……

我们也可以把让孩子上各种补习班的时间和金钱省下来，多带孩子去看一看祖国的大好河山，让他领略一下山川的雄伟、草原的广袤、大海的宽广……在自然美景的熏陶之下，孩子的见识会大大增长，眼界也会得到扩宽，那么他的心胸也会变得宽广起来。

当然，在孩子进行户外活动时，要注意保护好孩子的安全。

● 让孩子明白，宽容不是纵容

在教孩子宽容的同时，也要教他学会区分宽容和纵容，告诉他这两个概念不是一回事，否则孩子可能会把宽容当成他犯错误后的“挡箭牌”。

也要让孩子懂得，对别人宽容，不是对他人纵容，更不是无条件地妥协和忍让。如果对方是因为不小心而妨碍到了自己，而且也表现出了歉意，那就不应该抓住对方的错误不放，要宽容对方。如果对方是故意影响我们或者是一而再再而三地犯同样的错误，那么就不能再宽容下去了，否则就是纵容，这时应该及时地指出他的错误，跟他好好沟通。

在教孩子学会宽容的过程中，也要让他知道，宽容并不是害怕得罪人才顺着对方的意愿去说、去做，也不是人云亦云，更不是懦弱的表现。宽容是建立在互相理解的基础上的，是心中有一个明确的是非判断之后，主动做出的一种有理性的让步。

分享——与人分享并不是失去，而是将会拥有更多

不可否认，分享是一种优秀的品质。与人分享，也是交往中不可缺的一个行为。遗憾的是，今天的很多父母，不愿意让自己的孩子跟人分享。

就举两个很简单的例子吧！

孩子上幼儿园了，妈妈给孩子准备了很好喝的酸奶，然后嘱咐他说：“等别的孩子不在的时候你再喝，别让他们看见。”“妈妈给你买的好喝的酸奶，等别的小朋友睡觉后你再喝。”……

妈妈买了好吃的水果或者是其他东西，总之是为自己的孩子买的。然后跟孩子说：“妈妈专门给你买的，不要让奶奶看见哦！”或者孩子想把好吃的跟奶奶分享，妈妈赶紧说：“你傻啊，妈妈给你买的。”“奶奶年

纪大了，咬不动了，还是你自己吃吧！”……

当然，这里的“酸奶”“水果”是可以指代一切好吃的零食、好喝的饮料、好玩儿的玩具等；而“奶奶”也可以换作“爷爷”“外公”“外婆”或其他人。类似的话，不知道我们做父母的有没有对自己的孩子说过。

想想看，当我们“嘱咐”孩子的这个动作做下去，孩子会学到什么？自私，这是一定的。而且还有三个副作用：第一，他吃这个好东西时，是偷偷摸摸的，生怕被别人发现，所以心会很紧张，会导致消化不良，严重影响身心健康。第二，我们“嘱咐”他不要跟奶奶分享，等他长大后，他会把好吃的留给谁？留给他的孩子，不会给我们，到时候我们可能就会感到很遗憾了。第三，也是最重要的一点，他没有与人分享的精神，在现在的生活、学习，以及未来的工作中会处处碰壁。因为，实在是没有人愿意和我们这样自私的孩子一起共事。

说了这么多，我们是不是该重新认识一下“分享”这个词了呢？

分享到底是什么？

分享，顾名思义，就是分着享受，就是与别人一起分着享受欢乐、幸福、好处等。分享是一种行为，但更突出分享之后的感受。

正如走在沙漠里的10个人，如果只有一个人有水喝，其他9个人不但没有解渴的感受，说不定会因“水”而发生惨剧。而如果每人都喝一口水，10个人就都能感受到甘露和喜悦。人不能孤立地活在世界上，而世界上也没有任何一样东西绝对是某一个人的财产。供与求原本就是一个分享的循环，当我们把很多东西都当做分享的媒介时，人生就会轻松快乐很多！

郑板桥是清朝著名的书法家和文学家，他的诗、书、画世称“三绝”。

而对于子女的教育，他特别注重培养孩子的德行，希望儿子“明好人之理、爱天下农夫”。

郑板桥曾把儿子小宝放在弟弟郑墨家，并嘱咐弟弟要平等对待小宝与仆人的儿女，有糖果饼干要分给所有孩子吃，千万不要只让小宝独享。

后来，郑板桥把儿子接到身边，经常教育小宝要懂得吃饭穿衣的艰难，要同情穷苦的人。当时正值灾荒，郑板桥也很清贫。

一天，小宝哭着问妈妈要吃的，妈妈把一个窝头给了他，他高兴地边吃边走到门外。这时，一个光着脚的小女孩站在旁边看着他，小宝发现了小女孩饥饿的眼神，立刻把窝头分给小女孩一半。郑板桥得知小宝的举动，高兴地对他说："孩子，你做得对，爹爹喜欢你！"

小宝把窝头分给小女孩的那一刻就诠释了"分享"的意义，分享是需要一颗善良和同情的心。而今，我们大部分人的生活不至于揭不开锅，当我们有多余的财富、美好的心情时，是否体会过分享的喜悦？

有这样一个经典小故事：

一位犹太教信徒在只能休息的安息日去打高尔夫。起初，他还因自己的行为没人看见而庆幸。上帝知道后，就让他发挥得特别好。这个人因自己完美的表现而异常喜悦，但渐渐就难过起来，因为他无法把好成绩告诉任何人，不能跟任何人分享。这就是上帝对他的惩罚。

看来，不是拥有就是快乐，而分享才是快乐的真正源泉。

其实，分享不是失去，而是拥有更多。正如爱尔兰著名剧作家萧伯纳所说的，"你有一种思想，我有一种思想，彼此分享，每个人就有了两种思想"。即使让孩子跟别人分享一个苹果，看似是失去了苹果，但他却收获到了友情，还享受了与人分享之后那种快乐。

既然如此，我们何不教孩子学会与人分享呢？

● 培养孩子与家人分享食物的习惯

孩子都对食物很敏感，作为父母，我们应该从食物中帮助孩子建立分享的意识。如买回来的水果，请孩子帮助分发，从爷爷奶奶、外公外婆到爸爸妈妈，再到哥哥姐姐，最后到他自己。久而久之，孩子不但懂得了长幼有序之道，而且还养成了分享的习惯。

● 引导孩子在交换中学会分享

每个孩子在成长过程中都离不开玩具。孩子不是一出生就有分享意识，一般都是看到伙伴的玩具时也希望能玩。这时，我们可以引导孩子主动分享自己的玩具，请求他人把玩具借给自己玩儿。这样，不仅可以使孩子在交换中享受快乐，也可以培养孩子与人交往的主动性。

● **不要指责尚且不愿分享的孩子**

孩子一般对自己的物品很在乎，就如同成人对自己贵重的心爱之物一样。研究表明，孩子在 2 岁时是不懂得与别人分享玩具的，此时，父母不要因孩子“小气”而责备或打骂，而应该主动与孩子玩耍，慢慢再引导他分享。如果孩子长大些，有明确不愿分享的态度，父母可以引导他换位思考去感受别人的需要，渐渐让孩子扩大心胸，感受分享的乐趣。

● **孩子有才能，也要让他跟人分享**

《弟子规》上有这样一句话：“己有能，勿自私。”意思是，如果自己有一定的才能，不要吝啬地不愿意拿出来与人分享，而是要用自己的才能帮助大家，同大家共同成长。

可今天有一定才能的孩子都是如何表现的呢？如有的孩子学习成绩很好，但是，当别人请教他问题的时候，他要么爱答不理，要么敷衍地回答一下，总之不会很诚恳、很认真地去帮助对方。为什么呢？要么是傲慢心在作怪，他会觉得：你们真笨，这么简单的问题都不知道，我们也懒得给你们讲；要么是怕别人超过自己的心在作祟，心想：我会的知识，都让你会了，你超过了我，我第一名的位子就保不住了。

来看这样两则小故事：

有一个读小学的女孩，一天回家非常开心地告诉妈妈：“今天我特别高兴。”妈妈赶紧问：“有什么好事，快说说！”女孩一脸笑容：“我们班 ×× 同学的爷爷死了。”妈妈一听吓一跳：“人家爷爷死了，你怎么还这么高兴呢？”小女孩说：“你不知道，她爷爷是数学老师，她的数学成绩老是第一名，现在她爷爷死了，就没人辅导她学数学了，以后我就能考第一名了。”妈妈听了，惊愕不已。

还有一对双胞胎姐妹，都读小学 4 年级。有一天，姐姐回到家跟妹妹说：“今天有一个同学问我数学题，我会做，但没有告诉她。告诉她，她就超过我了。”结果妹妹却说：“姐姐，假如是我，我一定告诉她。”姐姐就很惊讶，感觉妹妹德行比她好，内心刚生起一点惭愧心，就听到她的妹妹说：“我会告诉她错误的答案。”

这是多么可怕的事！如果学生没有德行，很自私的话，纵使再有才能，成绩再好，可能也难以对家庭、社会国家作出什么贡献来。

这样的孩子虽然学习好，但往往不受同学欢迎，人际交往总会频频遇阻，而且他会满足于现有成绩，在没有人超过他时，他不会主动求进步。这就说明，他进步的内动力不强，往往要靠外力刺激才会更努力学习。

那么，等他长大进入工作岗位后，他依然不会主动帮助同事，他会把工作任务分得很清楚，不是自己的他绝对不多付出。这样一来，他在团体中就不是一个受人欢迎的人，同事不喜欢他，他也会常常说：“我凭什么帮你们？我凭什么多工作？又不给我多发薪水！”

这种思维若不改变，迟早会成为“拒绝成长的苹果树”。

一棵苹果树总是因自己结出的果实被人拿走而愤愤不平。后来，它为了不让别人拿走那些么多果实，就拒绝成长。渐渐地，它结出的果实越来越少，人们能摘走的果实自然也越来越少，它居然还庆幸地认为，人们已经占不到它的便宜了。殊不知，它距被遗弃、被砍伐的时间也不远了。

如果把苹果树比喻成孩子，苹果就是孩子拥有的才干，当孩子自私地不愿意付出自己的才能时，也必将停止成长的脚步，最终一事无成。

这个比喻同时也说明，人的才华就是用来为大众服务的，通过工作、参与活动等方式，来服务大家。一个有才华，但是不舍得拿出来使用的人，与没有才华毫无区别。而那些一付出才能，就谈条件的人，最终会被团体所遗弃。因此，我们一定要让孩子明白，有才能，就一定不能自私，要懂得与人分享，否则就是自断生路，拒绝成长。

所以，如果孩子学习好，那我们就鼓励他诚恳地解答同学提出的问题，并把自己的学习方法分享出来，这个过程，孩子自己也会非常受益，因为“教学相长”；如果孩子动手能力强，我们就鼓励他在手工课、缝纫课上帮助其他同学；如果孩子的体育好，我们就鼓励他要毫不吝啬地把如何锻炼身体的方法告诉他人……只有这样做，孩子和同学才能共同成长，共同进步。其实，这个过程中，最受益的人还是他自己。

诚信——人无信不立，教孩子讲信他才会有立世之根基

诚信，就是诚实守信。其实，这应该是孩子从小就培养的最基本的品德。可遗憾的是，随着孩子的不断成长，他反而变得越发不讲诚信。父母可能对此颇有微词："现在这个时代，还讲诚信，多傻啊！不讲诚信才能赚钱，讲诚信的赚不了大钱。"真是这样吗？当然不是，俗话说："小胜靠智，大胜靠德。"不讲诚信，其实就是在要小聪明，可能暂时能赚点小钱，获得点利益，但是要想成就大事，那就得靠"德"，而诚信恰恰是"德"的重要组成部分。其实，无论是做人，还是做事，还是与人交往，都需要讲"诚信"。

拆解一下"诚信"这个词吧，诚，就是诚实，就是真诚；信，就是信用，就是信守承诺。

信，即诚信，言而有信，是儒家的道德规范。《论语》中讲道："子以四教：文、行、忠、信。"孔子以文、行、忠、信四项内容教导学生，认为信是做人的基本要求。子曰："人而无信，不知其可也。车无輗，小车无軏，其何以行之哉！"人要是不讲信用，真不知道他还能做什么。就好像是车没有了车辕与横木之间相连接的活销，那这辆车又该如何前行呢？这足以说明，对于一个人而言，"信"非常重要，是立业处世的基础。

信，本身就是一个智慧的符号，左边是"亻"，后边是"言"，即"人言为信"。《说文解字》中解释："信，诚也，从人言。"也就是说，说出的话就一定要兑现，要讲诚信，不可以说一些欺骗他人的话。

信用是人与人之间该保持的最基本的道德关系，相互信任才可能建立并加深人与人之间的联系。一个人如果能讲信用、不欺诈，做任何事都能

“言必信，行必果”，都能“诚意正心”，那他就能养胸中这股浩然正气。没有信用的人，势必会遭到众人的嫌弃，而且接下来他不管做什么事，都会被人加以提防。用孔子的话来说，“民无信不立”，没有信用的人，简直就无法生存。因此，我们要教孩子做到诚信，不说谎。

教孩子讲诚信非常必要。也许有的父母会担心，别人都不讲诚信，我家孩子讲诚信，他还不整天被人骗啊！其实不然，我们想一下：孩子在求学期间，如果讲诚信，老师会不会喜欢他？同学会不会喜欢他？会。孩子走上工作岗位，如果讲诚信，领导会不会器重他？同事会不会欢迎他？也会。如果我们是老师，我们会不会喜欢讲信用的学生？会。如果我们是一个团体的领导，会不会喜欢讲信用的下属？会。如果孩子以后从事商业，主管一家企业、一个团体，需要讲诚信吗？当然需要。

这些都足以表明：一个诚信的孩子，不但不会被人骗，还会处处遇到好的缘分。

人都有一颗向善好德之心，即使是坏人，只是暂时被蒙蔽了而已，当他遇到一个非常讲诚信的人，其内心的良善也会被激发出来。相反，如果不培养孩子诚信的品格，他就没有正确的处世观，反而可能多次被骗，甚至被骗之后心理扭曲，也想去骗别人，那就麻烦了。

每一个人，都应该从小就以诚信为本，把诚信、讲信用内化为坚定信念，外化为实际行动，让诚信常驻心中，永伴自己左右。而要想让孩子做到这一点，我们做父母的就不得不重视对孩子进行诚信教育。

在生活中，我们自己也应该诚信立人，如别在孩子面前撒谎，答应别人的事一定去做，不要找借口，要坚决兑现对孩子的承诺，即使有非常特殊的情形，也要跟孩子解释原因，争取得到孩子的理解，但事后，也一定要弥补对孩子的承诺，不可糊弄了之。

古人曾说：“车无辕而不行，人无信而不立。”一个人没有信用是无法在社会立足的。可见，诚信关乎一个人的未来，凡是开口说话就要讲信用，说出来的话要放在心上，答应他人的事一定要信守承诺。

在古时候，因为科技和交通不发达，朋友之间居住的地方相距较远，他们都是说好下次见面的时间和地点，短则一年，长则几年甚至几十年，但是无论时间有多长，他们都会如期而至。即便是相约的某一方已经不在人世了，他也会在临终前把此事托付给亲人，嘱咐亲人代自己赴约。这是诚信的精髓，是多么值得我们学习啊！

古人的诚信不只建立在言语上，甚至连一个念头都不违背诚信原则。

在春秋时代，吴国的季扎是一个有仁义的人。

有一次，吴国国君派季扎出使鲁国。当季扎一行途经徐国时，徐国国君宴请他。当徐君看到季扎身上佩带的宝剑时，掩饰不住对宝剑的喜爱。季扎心里清楚，徐君非常喜欢自己的宝剑。但是出使国外，佩戴宝剑是必要的礼仪之一。所以，当时季扎的心里起了这样一个念头：我现在不能把宝剑送给徐君，等完成出使任务后再送给他。

等到季扎顺利出使鲁国之后，他回国途经徐国时，他就想把这把宝剑送给徐君。不巧的是，徐君已经去世了。随后，季扎就来到了徐君的墓前祭拜他。祭拜完后，季扎就把宝剑挂在了墓旁的树上。

季扎的随从非常奇怪，就问他为什么要这样做？当时，季扎回答道：“始吾心已许之，岂以死背吾心哉？”意思是说，我的心早就已经答应把宝剑送给徐君了，怎么可以因为他去世了，而违背我的心呢？

其实，即使季扎不把宝剑送给徐君，也不会有人说他什么。因为，季扎没有在口头上给徐君任何承诺，而且徐君也已经不在人世了。但是，季扎却兑现了自己念头上的承诺。这种诚信是多么难能可贵！

● 我们要在言语上做到诚信，信守承诺

人与人之间的交往，使用最频繁、最容易表达的就是言语。如果言语不能建立在诚信基础上，人与人之间的交往就会变得非常虚伪，也就失去了交往的真正意义。更可怕的是，我们的一言一行将在无形中影响着孩子。

一位母亲曾经讲过这样一件事：

有一天，我在家里接到一个找我家先生的电话，由于先生不愿意接听，我就说先生不在家，等我挂掉电话后，儿子就好奇地问我："妈妈，爸爸明明在家，您为什么说不在家呢？"我解释道："你爸爸是不想接外人的电话，我就只好骗人家了。等你长大了，你自然就会明白的。"

请问，这位母亲的言行给孩子种下了什么种子呢？种下了不诚实的种子、说谎的种子。那么，孩子会认为，说谎是正常的事，他就会理所当然地说谎。当孩子经常说谎话，就没有人会相信他了，他又怎么能跟别人交往呢？又怎么能立身处世呢？

一位朋友讲过这样一件事：

有一位父亲在家接到电话，他跟电话那边的人说："今天还有应酬，就不过去了。"儿子听到后，就问："爸爸，什么是应酬？"这位父亲回答说："应酬就是你不想去做事时的借口。"儿子若有所思地点点头。第二天一早，父亲催儿子赶紧吃饭，一会儿要去上学。儿子说了一句让父亲晕倒的话："我不去上学了，今天有应酬。"

所以，在孩子面前一定要注意言谈举止，不可以说欺骗的话。这样，孩子就会受到良好的熏陶，学会诚实守信，自然就不会说不真实的话了。

另外，答应他人的事情就一定要去做，不能找任何借口。尤其对于孩子的承诺，一定要履行，如果因为特殊情况而无法对孩子履行承诺的话，一定要跟孩子说明原因，争取得到他的谅解，并找机会弥补这次缺憾。只有这样，才能获得孩子最大程度的信任和敬佩。更重要的是，我们给孩子做了一个诚信的好榜样，孩子也会学着我们的样子，履行对他人的承诺。

● 帮孩子树立诚信意识并肯定其诚信言行

孩子讲诚信不但不会受人欺负、受人骗，反而会赢得更多人的喜爱和帮助。然而，对于孩子而言，他的脑海中可能还没有诚信的概念，他可能很容易就答应他人要做某件事，然后又找很多理由推托。所以，从孩子小时候开始，我们就需要帮助他树立诚信的意识。

平日里，我们可以有意识地引导孩子思考关于诚信的问题，让他知道什么是诚信；可以给孩子讲一些关于诚信的故事，将道理深入浅出地渗透给孩子，使他得到“诚信”品质的滋养，也可以一起分析故事中人物的对错，从而帮助他建立正确的诚信观。

另外，也要注意在生活细节中帮助孩子树立诚信的意识，对于孩子答应我们的事情。如回家先写作业、出去玩多长时间、看电视看多长时间、几点起床、去超市买什么东西等，我们就要监督他做到，不能放任他的行为，更不能迁就他。当孩子这样去做的时候，说到做到的诚信意识就慢慢在他心中树立起来了。

当孩子做出了诚信的言行之后，我们一定要及时肯定他，赞赏他。这样，受到肯定、赞赏的孩子才更愿意继续进一步做出诚信言行来。

节俭——“一粥一饭，当思来处不易”，这是永不过时的教育理念

有人认为，在今天这个物质极大丰富的时代，再说节俭显得有点格格不入。其实不然，无论在什么时代，节俭都不过时，都值得提倡。

每当看到学校食堂有大量的饭菜被浪费的时候，心里就非常痛。可怜的孩子们，你们为什么不知道珍惜粮食？难道花了钱就可以随意地糟蹋吗？还有水，公共场合，流水水龙头没有人关，认为反正不是自己家的。这样想就错了。

其实，人一生的福分是一定的，不懂得珍惜自己的福分，积极地培福，而过早地享受福分，甚至是浪费福分，人生的路可能就会变得坎坷，不顺。况且，这个世界上还有很多人挣扎在温饱线上，连基本的一日三餐都不能保障，实在可怜。所以，即使我们物质很丰富，也不要浪费，要懂得珍惜，惜福而不损福，才会拥有幸福的人生。

所以，我们和孩子重新认识一下“节俭”这个词。只有好好认识节俭，做到节俭，我们的生命才有更多福分，才不会因为折损福分而坎坷一生。

明末清初著名理学家、思想家、教育家朱柏庐在其《朱子治家格言》

中说过这样一句话："一粥一饭，当思来处不易；半丝半缕，恒念物力维艰。"这是他在教育后人懂得劳动成果的来之不易，从而懂得节俭，懂得珍惜。在今天，我们应该把这样的教诲尽可能早地教给孩子。如果之前没有做这个"功课"，那从现在开始，请立即教给我们的孩子，不要再等了。

有的父母有这样的观念：宁可自己苦点、累点、省吃俭用，也不要苦了孩子。因为这些父母每天都要上班养家，同柴米油盐打交道，知道挣钱的不容易，所以去"算计着"生活。就这样，勤俭持家成为了很多父母身上的优良品质。可在对待孩子时，他们却又换了一种态度，为了不让孩子"受委屈"，便竭尽全力满足孩子几乎所有的要求。结果，因为好吃的太多，孩子经常只吃几口就不吃了，而此时，父母会把孩子的剩饭吃掉；因为玩具太多，家中堆了很多还很新的玩具，而孩子却再也不去动它们了……

这样一来，孩子不仅没有感受到我们对他的爱，也没有因为衣食不愁而感到快乐。相反，他变得越来越奢侈，物质欲望也越来越高，要求也越来越多……当我们无法再满足他时，他就不干了，大哭大闹，搅得全家不得安宁。而造成这种后果的根本原因，是我们对他的娇惯使他养成了浪费的坏习惯，也让他变成了不会珍惜物品、不懂心疼父母的"小皇帝"。如果孩子一直这样下去，那他长大后也难有出息，原因很简单，他不懂得节俭，已经习惯了挥霍财富，那就算他有再多的财富也总有一天被他挥霍一空。

中国还有句古话，叫做"俭以养德"，孩子只有具有了俭朴的生活作风，他的一些良好的德行才能够逐渐养成，他将来也才可能成为一个做大事的人。而如果我们一味地满足他的物质要求，那么只能不断增长他的欲望，从而严重影响他未来的人生发展。

在一个访谈节目中，一些心理学家和社会工作者都谈到对"富二代"的担忧。他们举了一个例子：

一个吸食毒品的富家子弟被问到如何染上毒品时说："没事干，吸着玩玩。"

心理导师问他："为何不去找工作？"

他说："找工作干什么？我爸给我的零花钱一个月就好几万，我用不着找工作。"他又反问心理导师："你一个月累死累活也不过是几千吧？"

心理导师接着问："那你也不小了，谈个对象也比吸毒好啊？"

他说："恋爱我都谈腻了，都不爱谈了，就是觉得没劲，才试试毒品的。"

这个青年口中的"没劲"是找不到自己。由于物质的极度丰厚，致使他没必要去工作。殊不知，工作不仅可以得到生活的基本保障，更重要的是工作本身就是在为社会创造财富，同时发现自己存在的意义。

古往今来大量的家族兴衰史表明，一个家庭无论资产多丰厚，保持富裕的时间一般都超不过三代。

据报道，现在中国民营企业家已经超过了 300 万人，由于找不到合格的接班人，95% 以上的企业家无法摆脱"富不过三代"宿命。而富人家族的孩子中，只有约 10% 的子女继承了父母的优良品质。

这个现象的根本原因是家庭不节俭和父母对子女的教育不当。而这不仅是一个家庭的财富能不能守住的问题，也是孩子们在毁灭自己人生的同时制造更严重的社会危机。

所以，要尽早培养孩子节俭、艰苦朴素的精神。那么我们应该怎样做，才能让孩子不被外界物质世界所诱惑而能保持节俭、简朴作风呢？

● 从衣食住行入手，培养与约束他

教孩子节俭的方法其实也很简单，总的来说就是我们要从衣食住行用入手，身体力行，给孩子做个好榜样，再对他加以一定的约束。

《弟子规》中关于"衣"这方面，提出一个原则，即"衣贵洁，不贵华；上循分，下称家"。我们要让孩子懂得正确地看待衣服，即只要衣服干净整洁，穿在身上舒适，也能够遮风保暖，那么就很好了，而不要追求名牌，追求奢华，更不要在穿衣方面喜新厌旧。

而在吃的方面，我们也不能无条件地满足孩子的要求，使他只知道吃大鱼大肉，对清淡的蔬食不闻不问，甚至随意丢弃。我们应该在满足孩子营养需求的前提下，告诉他"对饮食，勿拣择"的道理，每次吃饭时也要

做到“光盘”——“盆干碗净”，不剩饭，不浪费。

当然，我们不能把这些原则强加到孩子的身上，否则，肯定会引起他很大的反感。应该先在生活中力行这些原则，如我们自己不论吃什么东西，都会吃干净，不浪费，穿衣服也不追求奢华，简单朴素，不会为了时髦而频繁购买新衣服。久而久之，孩子也就会觉得，吃饭时就要把食物吃干净，不能剩下，穿旧衣服也没有什么不好。

另外，我们也要注意约束一下孩子的行为，比如有些孩子无论去哪里，出门就要打车，或者在选择玩具的时候，专门挑选昂贵的，再或者在生活用品上追求名牌等等。这时，我们就不能满足他，而是要教给他生活朴素的道理，并慢慢让孩子养成俭朴的习惯。

● 不要给孩子丰厚的物质和金钱

很多父母在创业时大都备尝艰辛，但也应该理性地认识到：正是由于自己的艰苦磨炼，才创造了财富。如果不希望子女再吃苦受累，对其娇生惯养，给孩子很多的钱财任其享受，不但不是爱孩子，反而会害了他。而对孩子真正的爱，是把自己在创造财富过程中磨炼出的精神意志传给孩子。

民族英雄林则徐曾讲过：“子孙若如我，留财做什么，贤而多财，则毁其志。子孙不如我，留钱做什么，愚而多财，益增其过。”意思是无论子孙能力如何，我都不把钱留给他们，如果是贤良的子孙，钱只会让他们丧失志向，如果是愚笨的子孙，钱只会增加他们的过失。

所以，在生活中，我们无论做什么，都不要奢侈浪费，要厉行节俭，多参与慈善事业，这本身就在告诉孩子钱不是用来个人享受的，而是用来帮助更有需要的人的。

自省——告诉孩子：行有不得，反求诸己，而非怨天尤人

在生活中，遇到不顺心的事情，遇到了困难，遇到了阻碍……我们会怎么想？会从自己身上找原因，还是从外界、他人身上找原因？

孟子在两千多年前就说过这样一句话："行有不得者，皆反求诸己。"也就是说，遇到了困难、不如意、不顺心、阻碍等情形，一定要从自身找原因，而不要从外界和他人身上找原因，否则永远找不到真正的原因。其实，出现这些不顺，都是由自己造成的。这一点，我们可以认真思考，看对照自己经历的种种，能否得出这个结论。

当我们遇到问题时，还要善于问自己一个问题："这是结果，原因在哪里？"孩子不听话是结果，原因在哪里？孩子不爱学习是结果，原因在哪里？孩子不学好是结果，原因在哪里？孩子不受教是结果，原因在哪里？……所有的一切结果，都仅仅是个结果而已，原因到底在哪里？这需要我们弄清楚。只有找到真正的原因，才能对症下药，才不是"头痛医头，脚痛医脚"。而这个原因，很可能就在我们自己的身上。这一点，我们也应该认真思考。

所以，无论是孩子，还是我们成人，为人处世，都离不开"自省"，也就是自我反省。"自我反省"也是教育的重要关键词，值得重新认识。

一个善于反省的人，内心世界一定是安定、踏实的。反省就像在炎热的夏天饮下一口清泉水，它会让燥热难忍的我们平静下来，因为我们不再抱怨别人，而是反过来看清自己。反省会让生活突然变得轻松起来，会让周围的人突然变得美丽起来，甚至会让空气都变得新鲜起来。学会了自省，我们和孩子就会一起走进阳光明媚的世界里。

还是讲一个故事吧，故事是这样的：

列宁8岁那年，母亲带着他去姑妈家做客。活泼好动的列宁，不小心打碎了姑妈家的花瓶，但并没有人看见。后来，姑妈问孩子们："是谁打碎了花瓶？"所有孩子都说："不是我！"列宁也低声说不是他，因为他害怕受惩罚。而母亲已经猜到是列宁打碎的，但并没有当场指出真相。她希望列宁可以对错误进行自我反省。

于是，在接下来的3个月里，母亲一直保持沉默，她在等待列宁自己发现错误并勇敢承认。终于有一天，列宁受不了内心的谴责，在母亲面前失声大哭起来，说："我骗了姑妈，花瓶是我打碎的！"此时，母亲很欣慰并鼓励小列宁主动给姑妈写信承认错误。最终，姑妈原谅了列宁，还夸他是个知道反省，能承认错误的好孩子。

犯错本身不可怕，而掩饰错误却会让心灵备受煎熬。当一个人犯错时，内心都会感到不安、自责、恐慌，这是人性的本善使然。相信列宁在挣扎是否要承认错误的3个月里，就跟在地狱里煎熬一样。直到反省承认后，他的内心才重新回到了"天堂"。而列宁的母亲也有难得的智慧和耐心，她知道孩子的善良和单纯可以激发自我反省，所以，她只做了一件事——等待。

当我们还是孩子的时候，有父母和老师指出我们的错误，我们不得不反省改过。等我们渐渐长大，很少有人可以当面指出我们的错误，不是因为我们没有错，而是我们很难接受别人指出的错。这个过程，我们是不是自然而然失去了反省能力？失去反省能力意味着什么？意味着我们的人生事业不再会有进展，只能原地踏步，甚至是退步，越来越糟。

所以，为了追求更美好的生活，我们和孩子都要学习自我反省。

● 我们自己要这样自我反省

先说我们自己吧，怎样做到自我反省呢？以下建议可以参考：

第一，在每一次不顺中，找自己的原因

当一件不愉快的事情发生后，每个人都有两种心理趋向，一是没有发现自己的问题，从而埋怨他人；另一个是发现自己也有不妥之处，于是理解他人。其实，埋怨的心情不仅很难受，紧接着会有责备、争执、再度的不愉快……恶性循环就这样开始了。但如果我们能在每一个不愉快、每一个困难、每一次彷徨时，回头看找出自己存在的问题，心中马上就会感到释然，从而会冷静地去解决。

第二，要明白，只有自己才能改变自己

生活中，人与人之间会发生大大小小的不开心的事，我们都会希望对方可以改一改，如果对方一如既往我们会很失望。而回头看一下，把期待放在他人身上，最终很可能等来的是失望……是不是还是改变自己容易些？毕竟，我们对谁都没有对自己有把握。我们控制不了别人，但可以控制自己；我们管不了别人做什么，但可以管理自己……所以，回过头来反省，其实才是真正轻松的人生。

第三，要善于从别人身上看自己

当我们的眼睛只顾着看别人的时候，很难看到自己。当我们因为别人说话的语气而生气时，我们会不会用同样的语气对其他人说话？别说不会！因为自己的问题都很难察觉。所以，请学会从别人身上看自己。别人的语气让我们难受了，这是在提醒我们，不能用这样的语气跟别人说话。别人做的事让我们难过了，这是在提醒我们，不能做这种事情。所以，要从别人的行为中汲取教训，从而更好地提升自己。

● **教孩子学会进行自我反省**

我们做到了自省才有智慧教孩子学自省。具体来说，又该怎样做呢？

第一，理智对待孩子的错误

当孩子犯错误的时候，请允许孩子做出解释，我们只有全面地了解事情的真相，才能引导孩子自我反省。千万不要一上来就斥责、恐吓或包庇、推脱责任，更不要按自己的推测去误导孩子。只有父母冷静，孩子才敢于反省和承认错误。

第二，让孩子学会接受批评

虽然我们在提倡鼓励教育，但鼓励并非简单的表扬，而常得到表扬的孩子，久而久之会骄傲，会很难接受批评的言语。所以，无论是赞赏还是批评，都要慎重使用。当孩子沮丧时，需要鼓励，但孩子已经有能力做一些事，就不用时时肯定了。但对孩子的错误，我们一定要提出批评意见，不一定大声呵斥，但要让孩子知道自己的不足。要引导他坦诚接受他人批评，“有则改之，无则加勉”。

第三，让孩子体会反省后的心安

当孩子犯错后，在没有反省前都会有一段心理煎熬期，但我们引导他反省、承认错误、承担责任时，他会感到轻松。我们可以提醒孩子感受前后两种不同的心态，让他渐渐在生活中体会，只有反省才会更轻松。

第四，引导孩子“见贤思齐，见不贤而内自省也”

孔子曾说：“见贤思齐焉，见不贤而内自省也。”孩子只有“取其所长，弃其所短”，才能使自己的德行和学问得到提升。见贤思齐、见恶内省，这对一个人的修身来说是非常重要的。我们应该做到这点，而对于孩子来说，他也应该尽可能早地做到这一点。

要告诉孩子：看到他人的优点和善行，就应该向人家学习，心存见贤思齐的念头，即使与他的距离相差很大，只要有信心，只要肯努力，也能慢慢地追赶上。看到他人的缺点和不好的行为，就要立刻反省自己的思想行为，如果自己也存在着同样的过错，就要立刻改正过来；如果没有，也要随时提醒自己不要犯同样的过错。

当孩子看到他人的优点或是看到他人取得好成绩或是看到他人做善事的时候，都要向他人学习，不要嫉妒、诋毁他人。即使孩子与他人的差距很大，只要孩子有信心，并坚持不懈地努力，就会逐渐缩短差距，然后一点一点地追赶上来。

如果孩子没有做到“见善思齐”，而是嫉妒、诋毁他人，那么孩子与他人的差距就会越来越大，最终永远也不会赶上人家。所以，我们要引导孩子善于向他人学习，奋力追赶上他人的脚步。

正直——今天做人依然需要正直，而且是有智慧地“正直做人”

说到正直，很多父母可能依然不太认同，心想：为什么要让孩子正直呢？正直，不是犯傻吗？多吃亏啊！于是，很多父母都教孩子学习“八面玲珑”，以为这样孩子长大后才能在社会立足，才能应对这个竞争日益激励而又日趋复杂的社会。

可事实上，孩子却应该学习正直，打好“正直”做人的基础。这样他才更容易在社会站稳脚跟，也更能得到他人青睐，从而迎来人生的美好前程。

正直，不是迂腐、傻，而是当面对外界的诱惑或不正之风时，不迷失自己，会变通。正直，是一个人应该具有的优良品德，也是中华民族最为崇尚的传统美德之一。古往今来，刚正不阿的人常被人们称赞和敬仰，因为正直的人遵从真理和事实，不会因为个人利益而左右摇摆，也不会因自己的喜好而说言不由衷的话；正直的人与人交往落落大方、不卑不亢，绝不会阿谀奉承、溜须拍马；正直的人处理事情，敢于主持公道，伸张正义。人们会赞叹光明磊落的人是正人君子，而能称得上“君子”的人也一定具备正直的品质。

正直不是不念亲情、冷若冰霜，而是遵从事实。而且，正直不是孤立的品格，它包含着善良、勇敢和无私。只有懂得善，才能分辨恶，只有勇敢才能直言不讳，只有无私才能坚持正义。正直的人会获得他人的友谊、信任、钦佩和尊重，因为正直纯净得几乎脱离了声望、金钱、权力以及任何世俗的东西，只有获得它的人，才能体会它的真谛。

在生活中，我们要以身作则，给孩子做个正直的表率。除此之外，还应该用什么样的方法教孩子学会正直呢？

● 教孩子学会实事求是

正直和诚实是紧密相连的，违背事实就谈不上正直，而一切美好的道德都是以实事求是做基础的。作为父母，我们要知道孩子真实表达自己有多么重要。只有习惯于坦诚对待自己的人，才会形成正直的品质。

一位母亲这样描述自己对“实事求是”的认识：“人生缺少实事求是，就如同缺少空气一样。在教育孩子的过程中我尽量遵守这4个字。我平常不强迫孩子做任何不想做的事，他自己的事会让他自己做主；我愿意实事求是地接受孩子的心理感受，不强求孩子表面上的服从；我会带他四处游览，让他真实地接触不同的人、不同的景、不同的物，让他实事求是地去了解这个世界；我自己会接受孩子给我提出的意见，这会让他学会用实事求是的眼光看待自己和他人身上的缺点，客观面对，积极改正。”

在母亲“实事求是”地培养下，孩子表现得很棒，会自己主动承认错误，敢于表达自己的想法，和同龄孩子相处不但有合作精神，还因常常主持正义而在同伴中很有威信。

要培养孩子从小做一个正直的人，我们就要教孩子任何事情要遵从事实，包括说出自己真实的想法和愿望。不要武断地要求孩子考试成绩达到多少，而是尊重孩子在学习上的“实事求是”；要教导孩子做事不是做给别人看到，而是要真实地对待自己。

如果我们将实事求是内化成孩子内心的原则，那他离正直就不远了。

● 教导孩子，要坚持正义

社会上有时会存在一些不诚实的行为，这对天性率真的孩子来说，绝对是一个冲击。这个时候，我们要告诉孩子，那种不正直的行为是不对的，也要平复孩子愤恨的心理，让他审视自己是不是也存在这种不良行为。

正直的人一般都有强烈的正义感，而正义感也是社会公民应该具备的最基本的道德价值感。安定和谐的社会是需要正义和公平来维护的，如果没有正义，社会就会陷于阴暗和混乱中。而我们一定要教导孩子坚持正义，唯有每个人都伸张正义，社会风气才不会偏离正常轨道。

有个男孩非常活泼开朗。有一天，他因看不惯班里一个强壮的同学欺负一个弱小的同学，就主动上前帮助弱小的同学，以主持公道。

回家的路上，他把这件事情告诉了爸爸，爸爸表扬了小凡的勇敢、正义行为，并对他说：“对于正确的事情，不管别的小朋友怎么看，要敢于坚持。同时，对待小朋友的缺点和错误提出批评和帮助时，要讲究一些方式方法。如果自己有错，也应主动承担责任。”

这位父亲支持儿子坚持正义的做法，对孩子养成正直的品质很有帮助。当孩子在公共场合伸张正义的时候，很多父母因顾及到孩子的安危，会表示强烈的反对；或者当孩子回来得意地向父母汇报自己的正义举动时，却换来“一盆凉水浇头”。这实在是很令人遗憾的事。

当然，我们考虑孩子的安危没有错，只是要给孩子正确的引导，首先肯定孩子的善举，孩子的这一行为是很宝贵的。如果孩子自己在外受到威胁，我们也希望能有一个和孩子一样勇敢正义的人帮忙。所以，我们不能教导孩子退缩，而是要教导他理智而正直。如我们应该告诉孩子："在帮助他人的时候，要考虑到自己的能力，如果不会游泳，与其跳下水救他，还不如及时向他人求助或拨打110！"这样，既鼓励的孩子正义之举，又提醒孩子不要鲁莽行事，我们的态度对孩子正直品质的形成起到相当重要的作用。

● **不要去包庇孩子的错误**

我们对孩子的包庇特别不利于孩子良好品性的形成，这不但会使孩子不诚实、不正直，甚至会毁了孩子的一生。

一位母亲是教法律的教师，原本有优越的收入和幸福的家庭。但她的儿子在17岁那年，盗取了文物，这位"懂法"的母亲没有鼓励儿子自首，而是在自家厕所里冲掉了3件文物，其余的几件文物在事发不久之后，母亲偷偷地还了回去。最终，这对母子受到了法律制裁。

儿子在出狱后的十几年里，整天把自己关在家里的房间里，只有吃饭、上厕所才出来。这位母亲在假释出狱后，已是风烛残年，还要每天捡破烂、拾烂菜叶，为的是省下钱来给40多岁的儿子买啤酒和可乐喝。整个家庭也并没有因此而平静，而充满了争吵和埋怨。

这就是父母包庇孩子的结果，孩子不知道什么是正直吗？应该知道，那又怎样呢？是父母的态度允许他为了利益而牺牲正直，最终，孩子在父母的包庇下毁掉一生。所以，我们不要轻视孩子的错误，要正确引导。否则，孩子很难在自己的生命之帆上做一个有明确方向的舵手。

● **一定要教孩子学会变通**

正直的人一般都愤世嫉俗、对于看不惯的事情敢怒敢言。但是，这个过程中难免伤害别人。我们教给孩子正直，不是让孩子毫无顾忌地去表现，也不是对于不对的人和事视而不见。正直的人要如何帮助他人，主要自己要有平和的心态，并且提出建议要懂得时机和方法。

语言要信、达、雅，就是说话的目的不仅要让对方明白，而且说话要雅致，雅致的语言会使对方最大程度上接受。所以，我们培养孩子正直的同时，教给孩子理智很重要。如有人病重，医生和家人不希望病人知道，否则他可能因为心理负担太重而影响治疗。这时，就要让孩子懂得变通，可以说一个善意的谎言，而不是“正直”地把实际病情告诉病人。

另外，孩子对人对事开诚布公，有意见当面提，这都没错，但要考虑时机。如果孩子的直言能使对方接受，说明这是最佳讲话时机；如果对方暂时不能接受，也不要相互埋怨，对的一方暂且保留意见也无妨，待时机成熟再谏言。如果孩子懂得严于律己、宽以待人的道理，他的正直就不会得罪他人。所以，关键还是孩子要熟练自如、灵活变通地运用正直的原则。